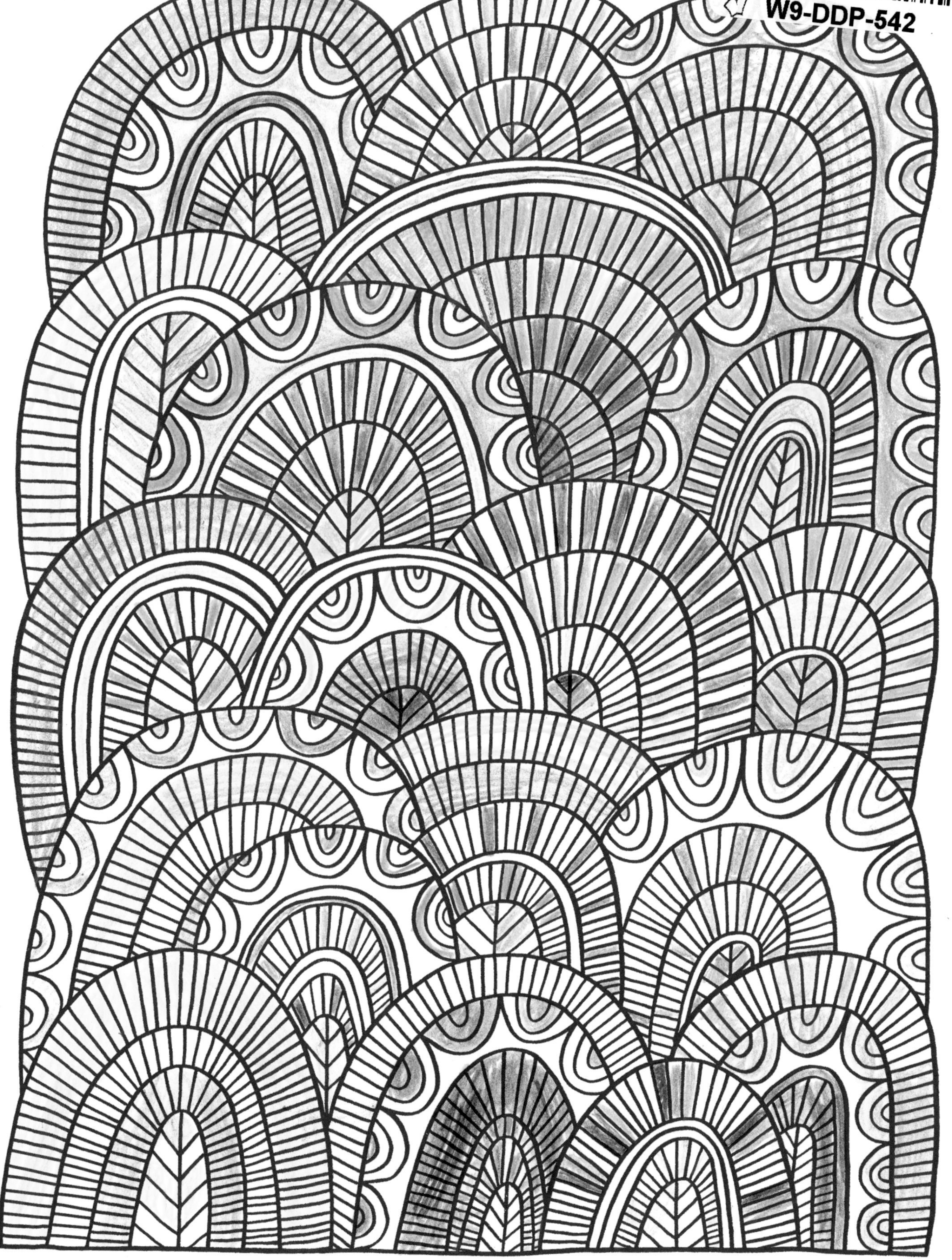

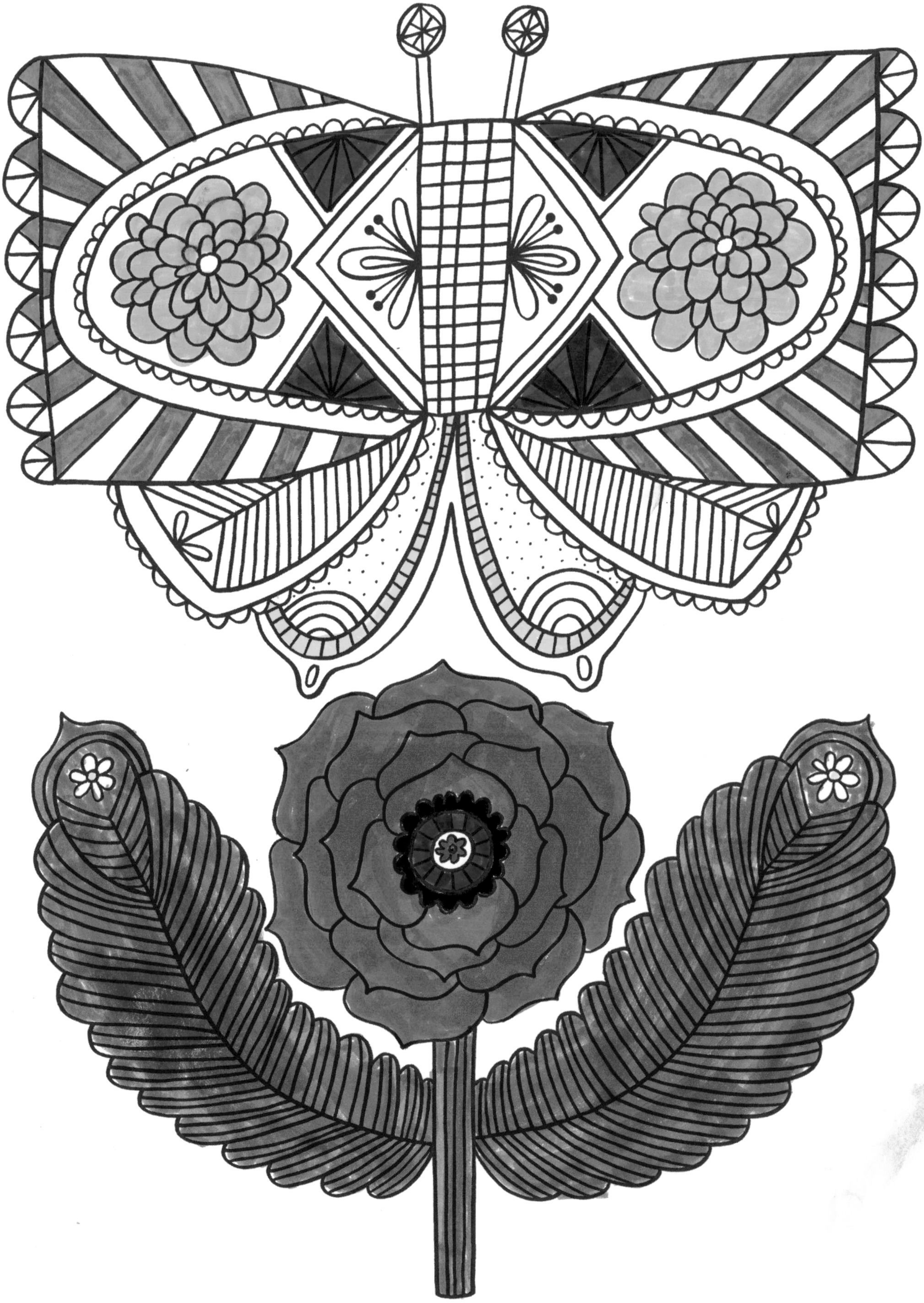

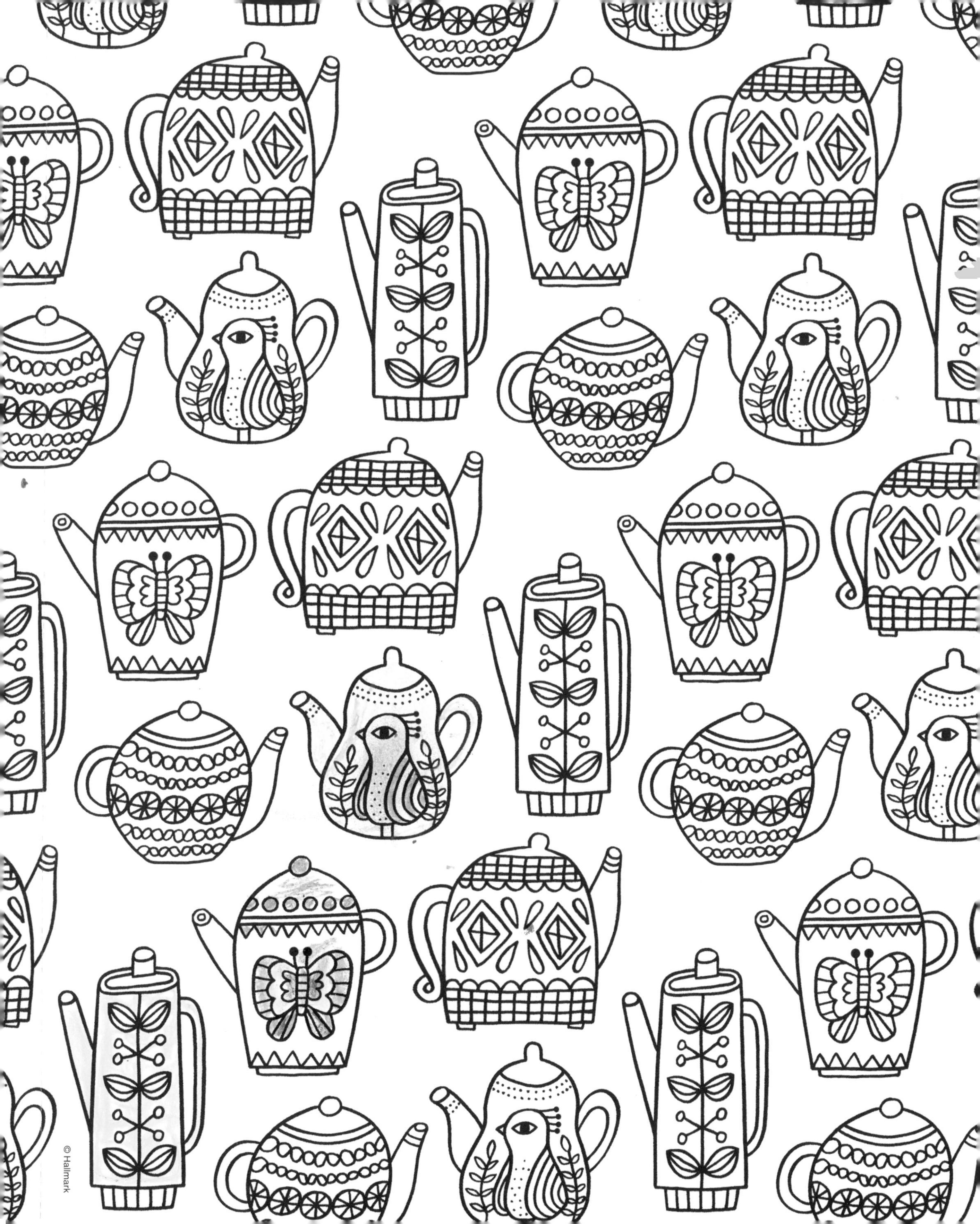

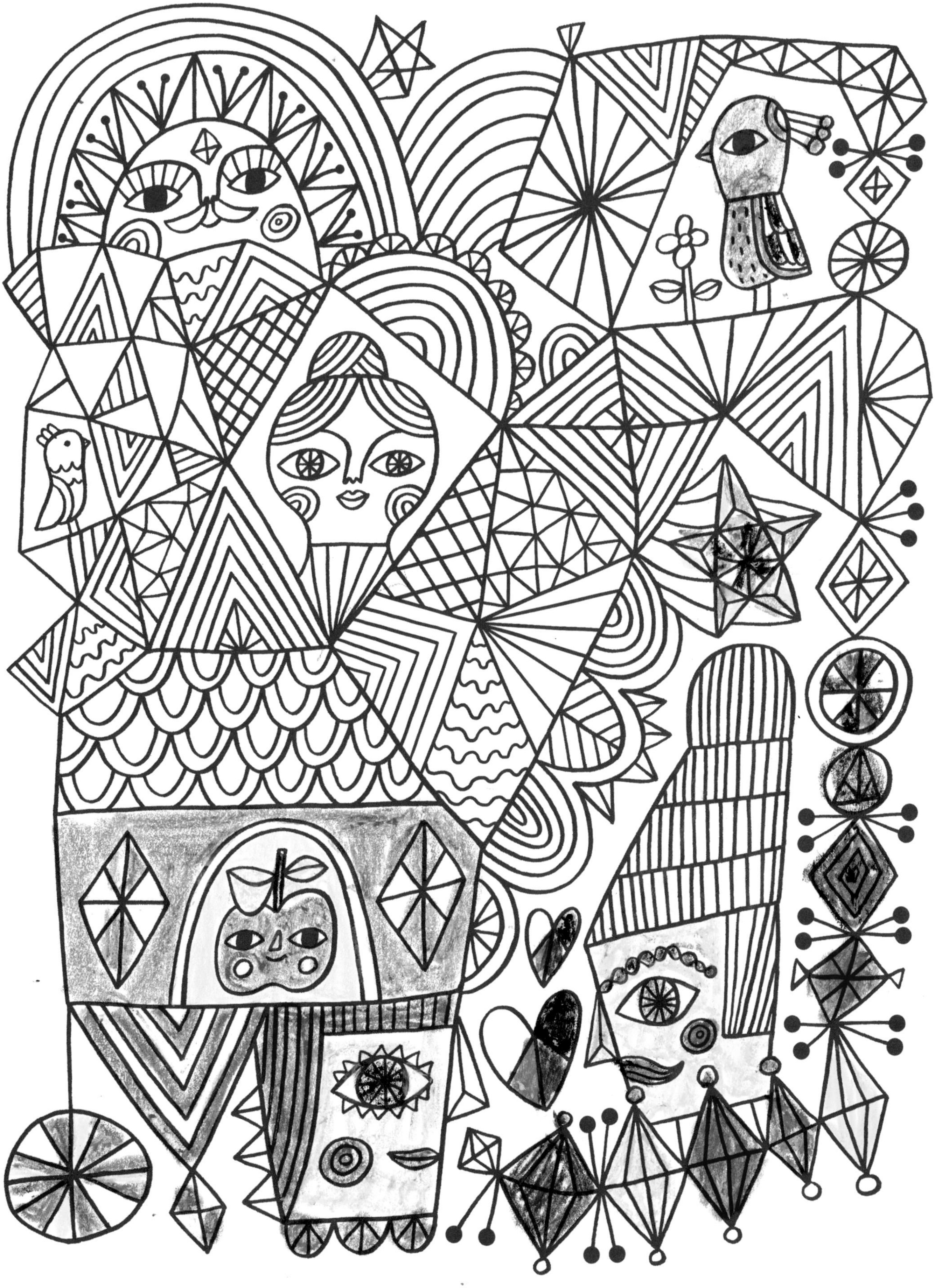

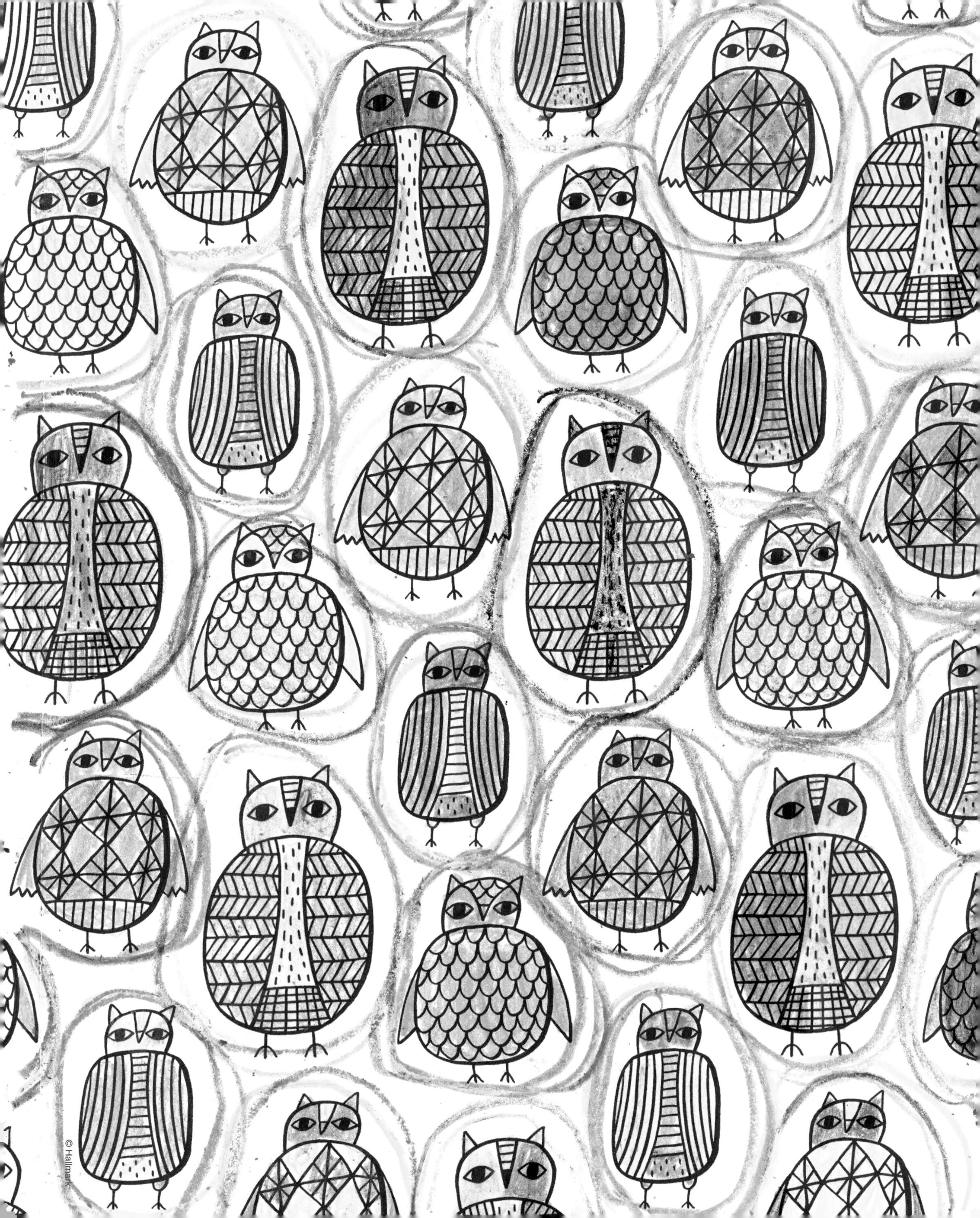

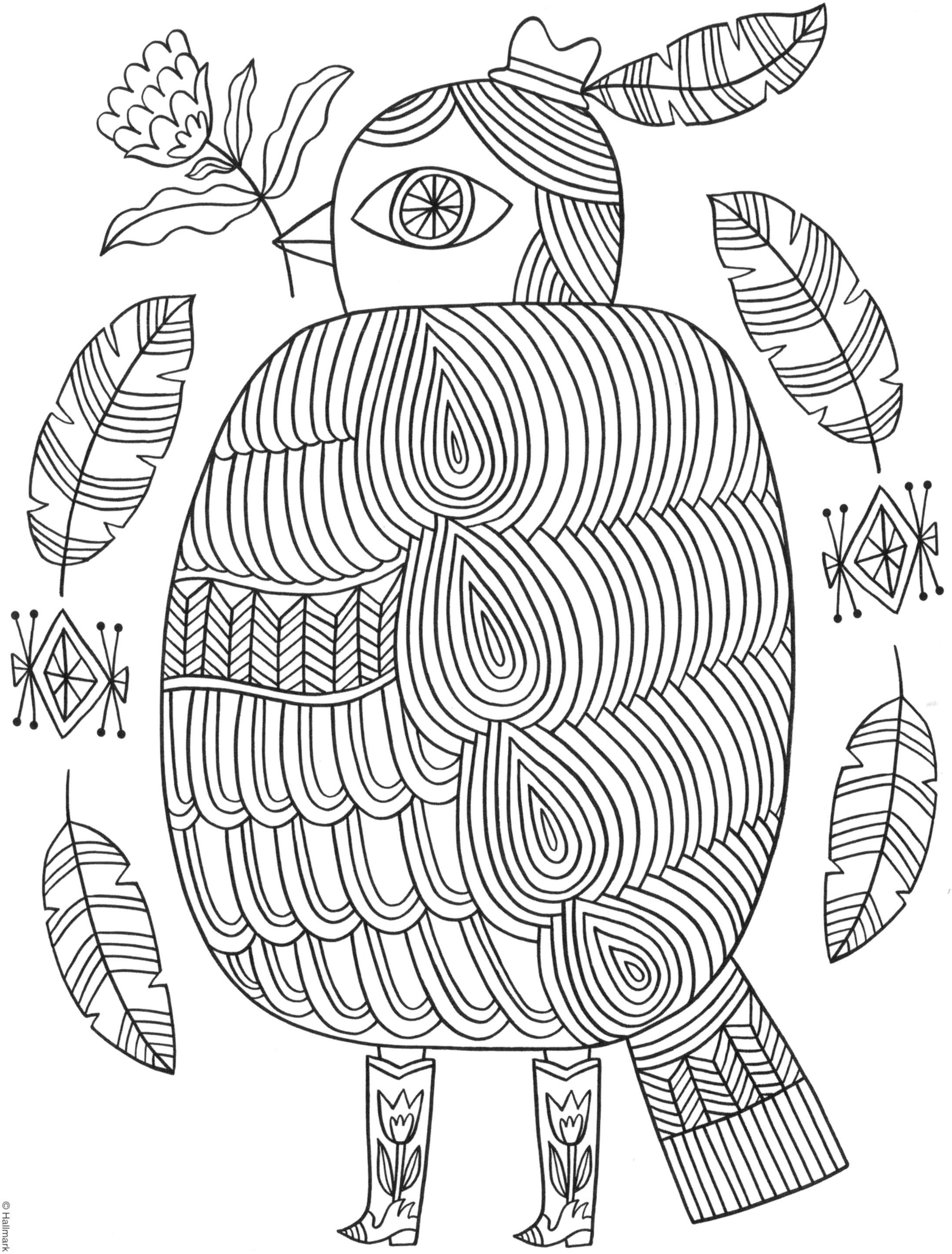

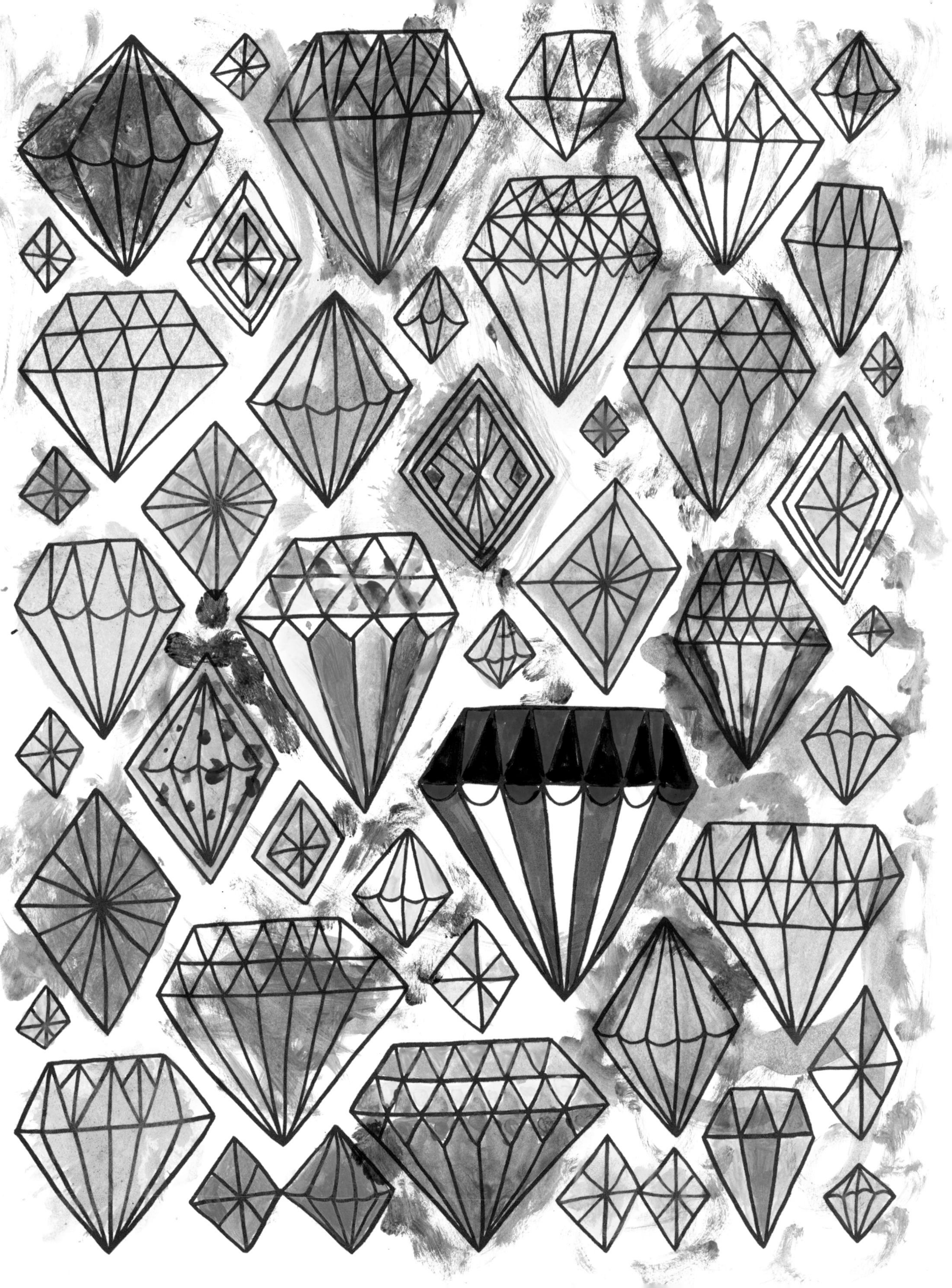

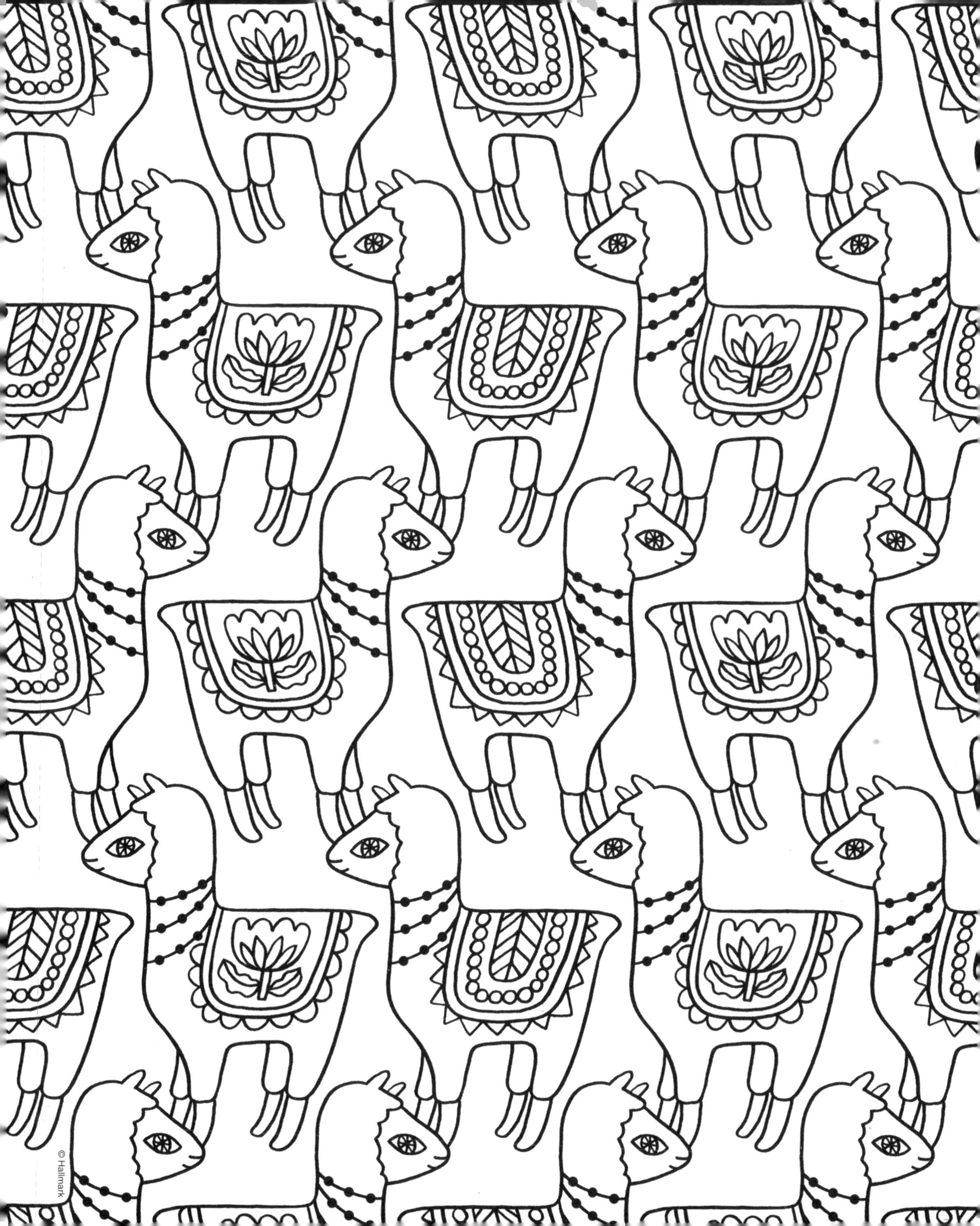

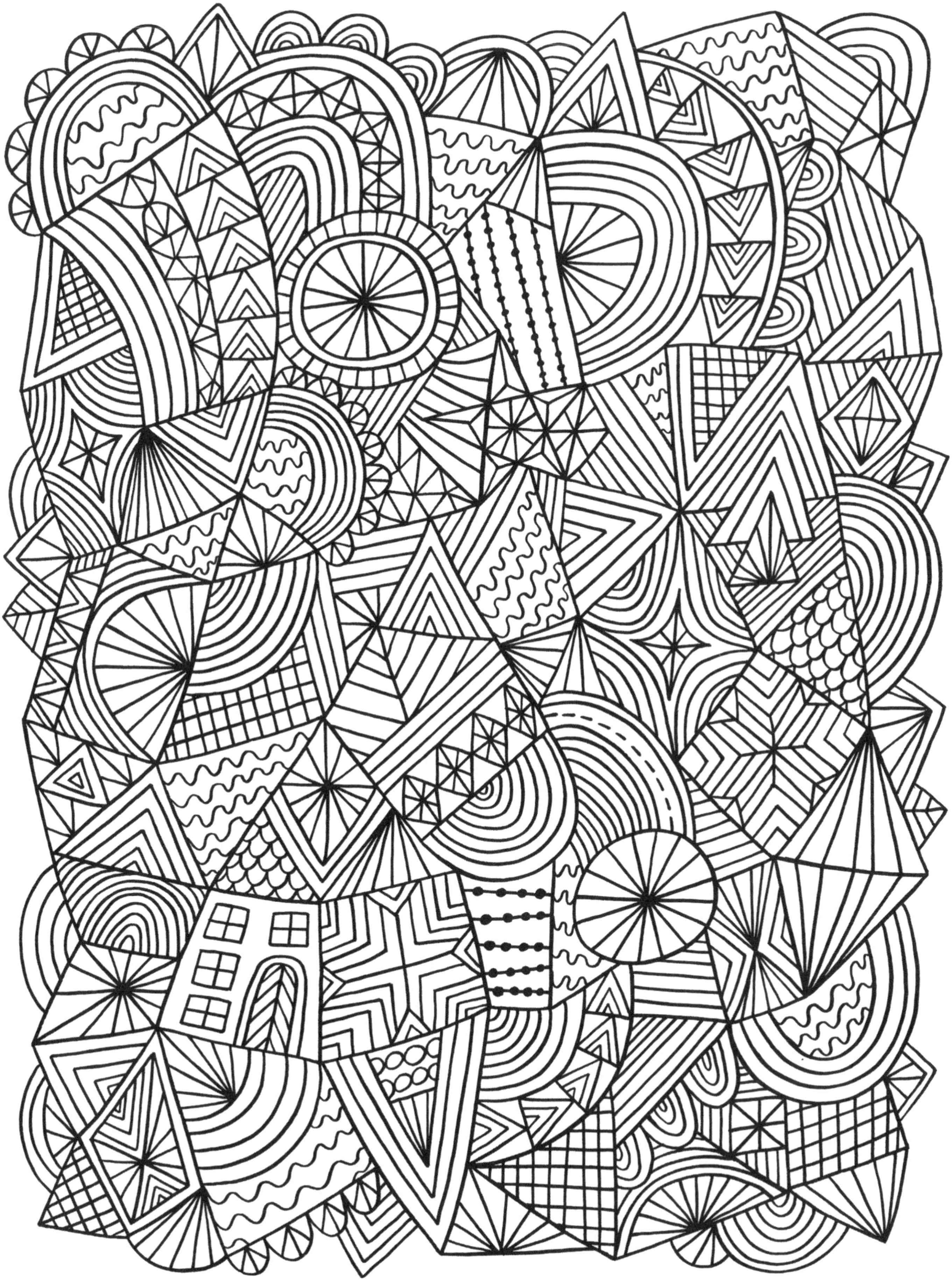

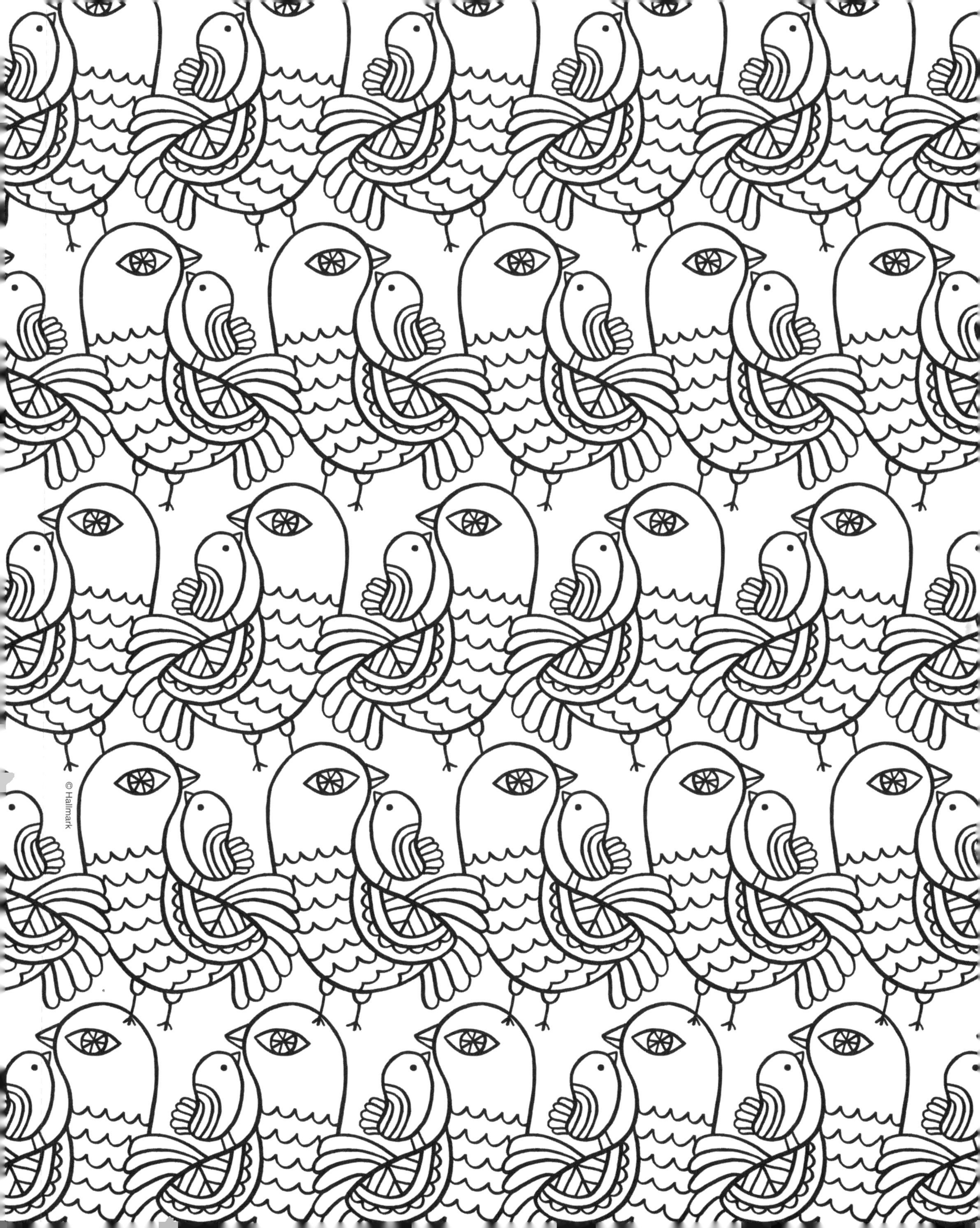

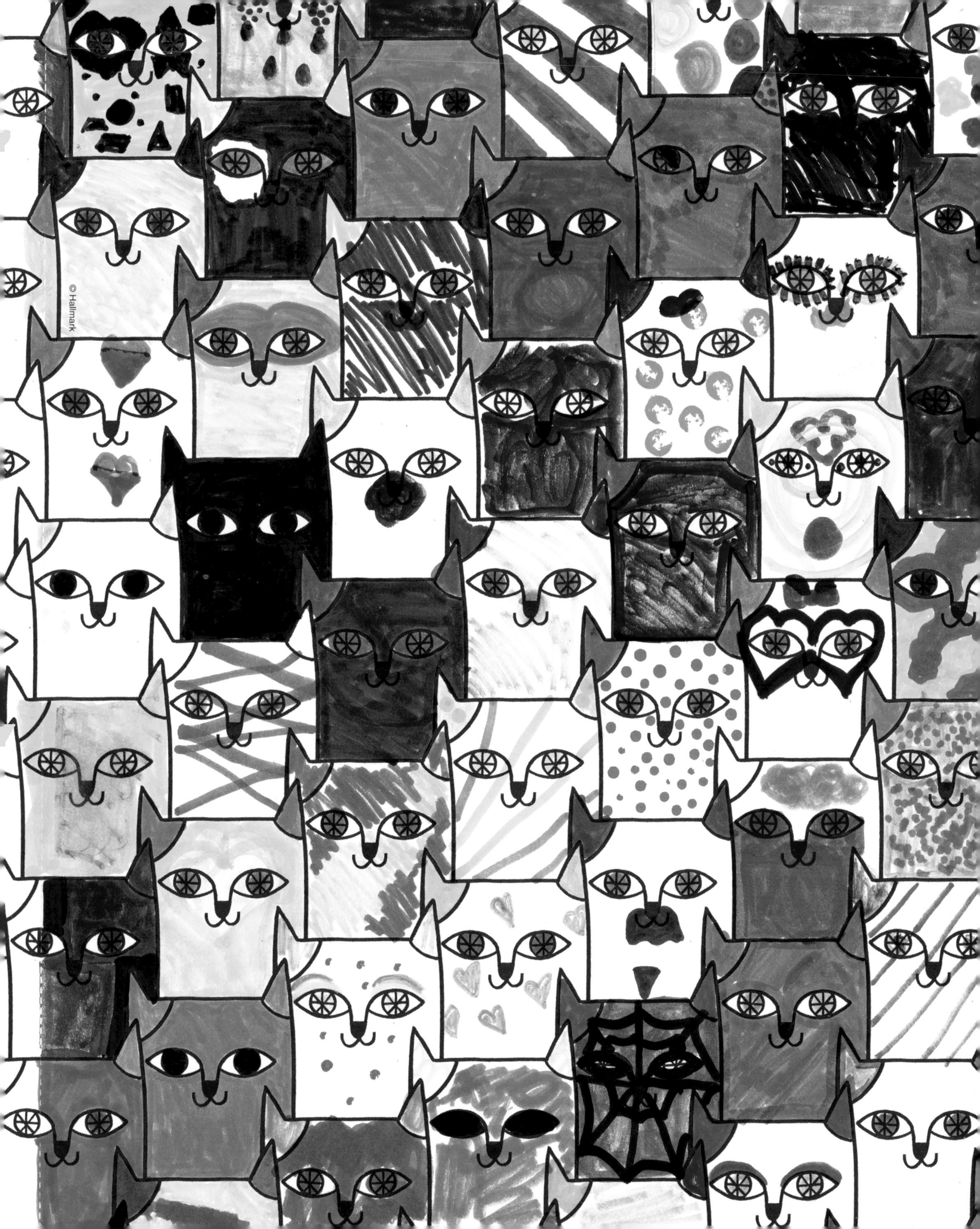

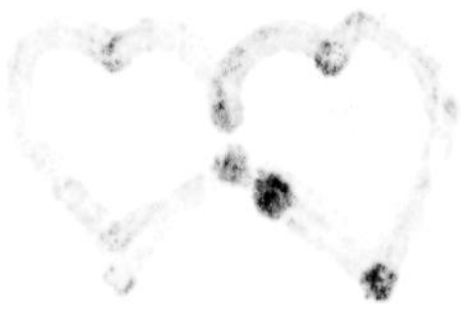

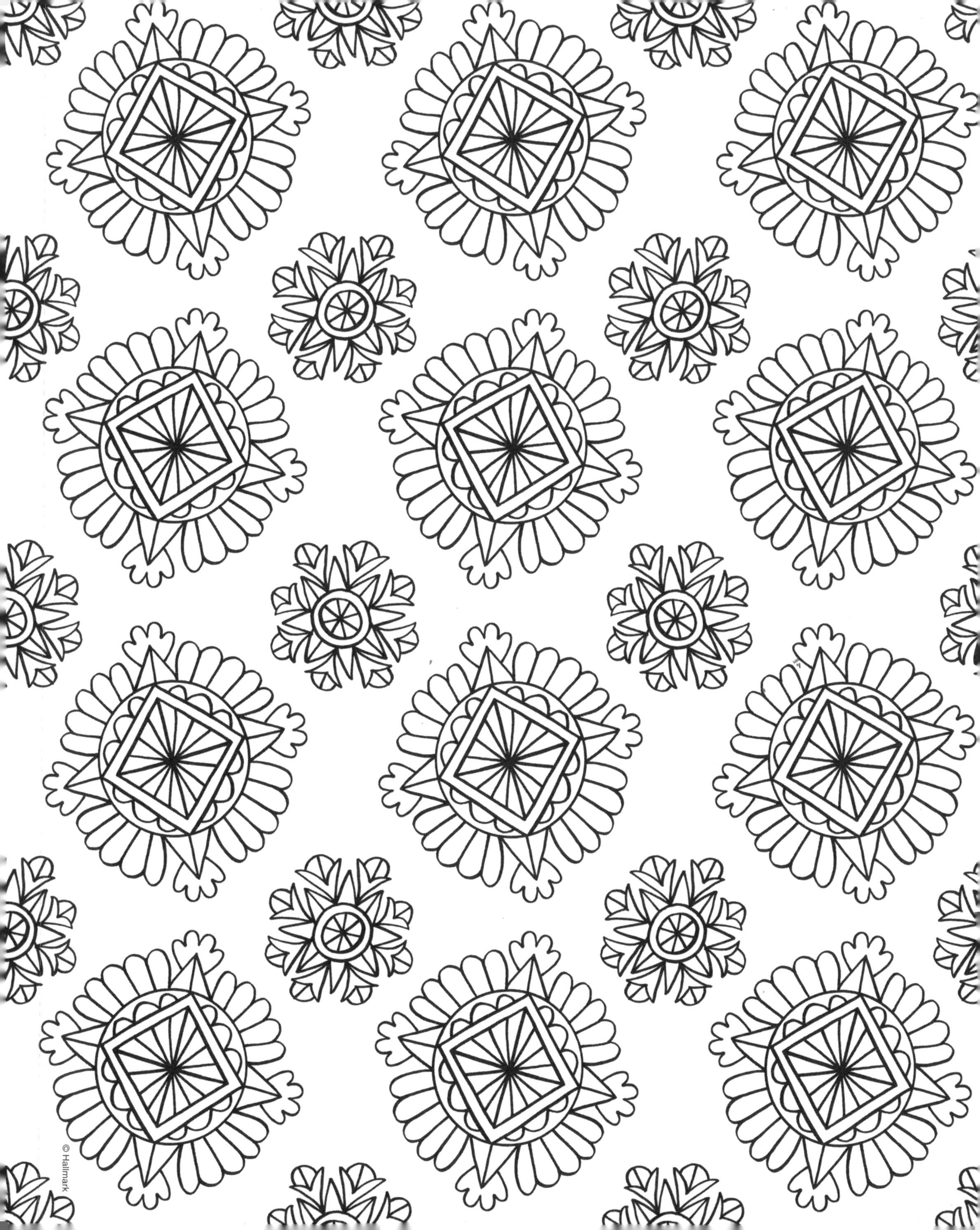

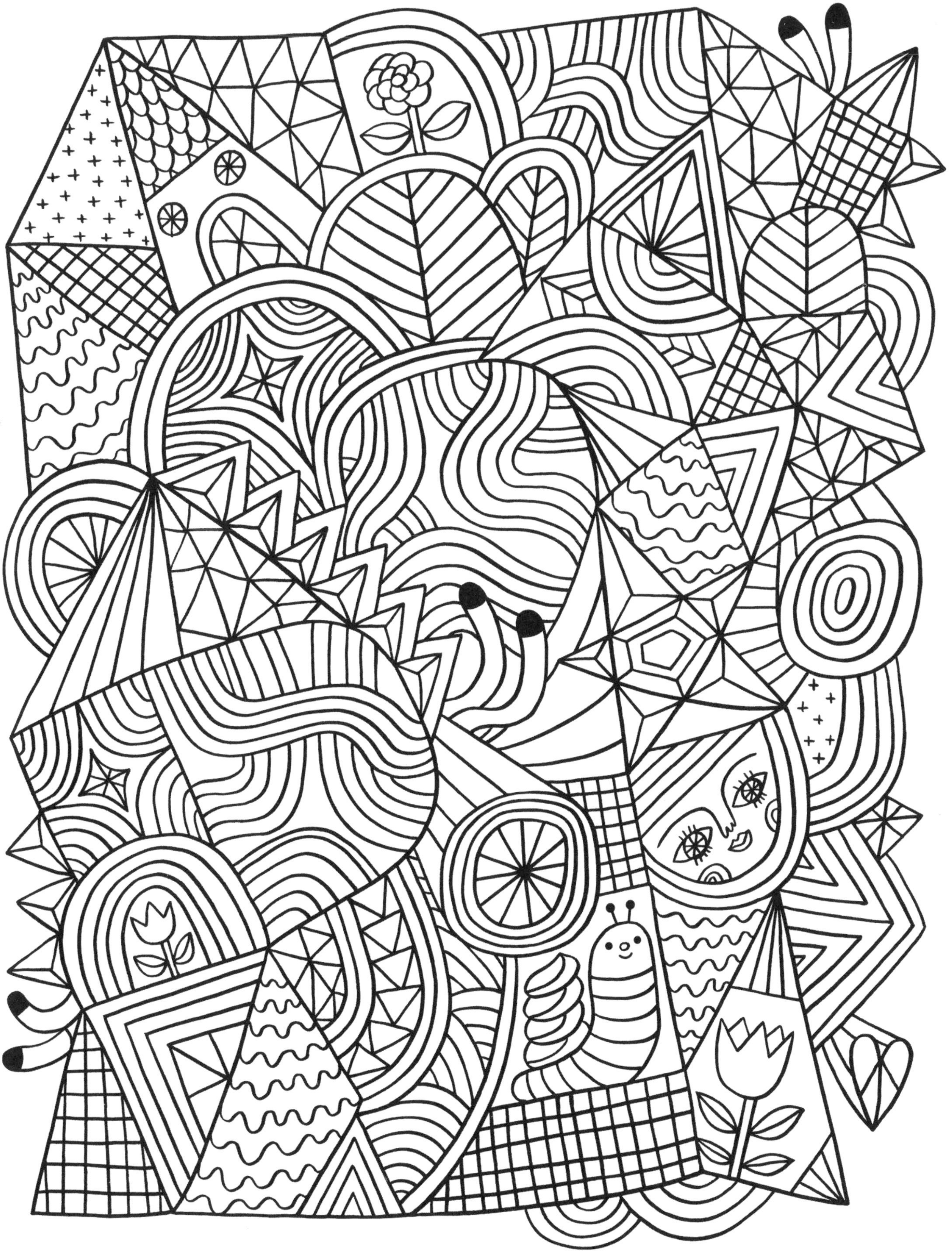

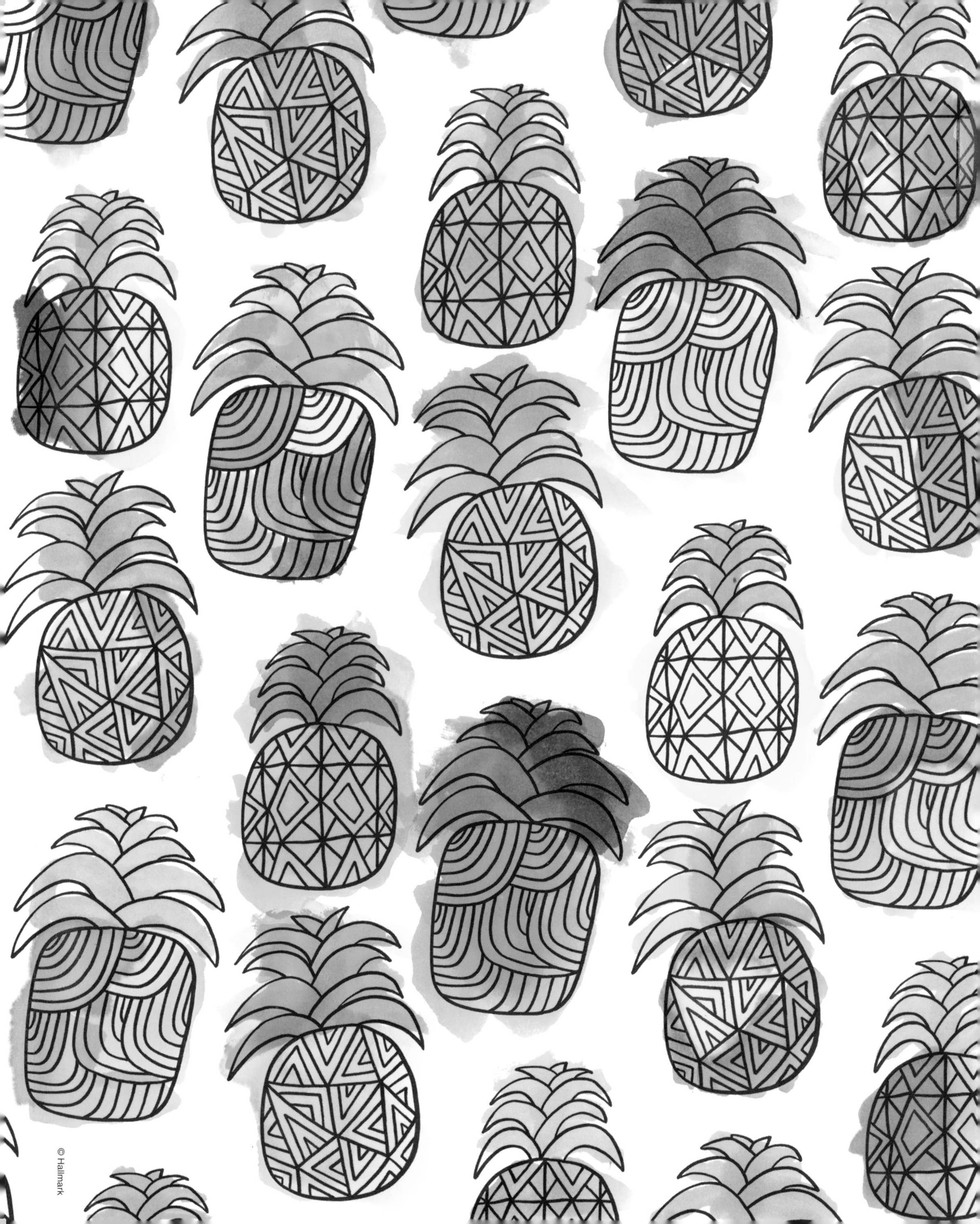

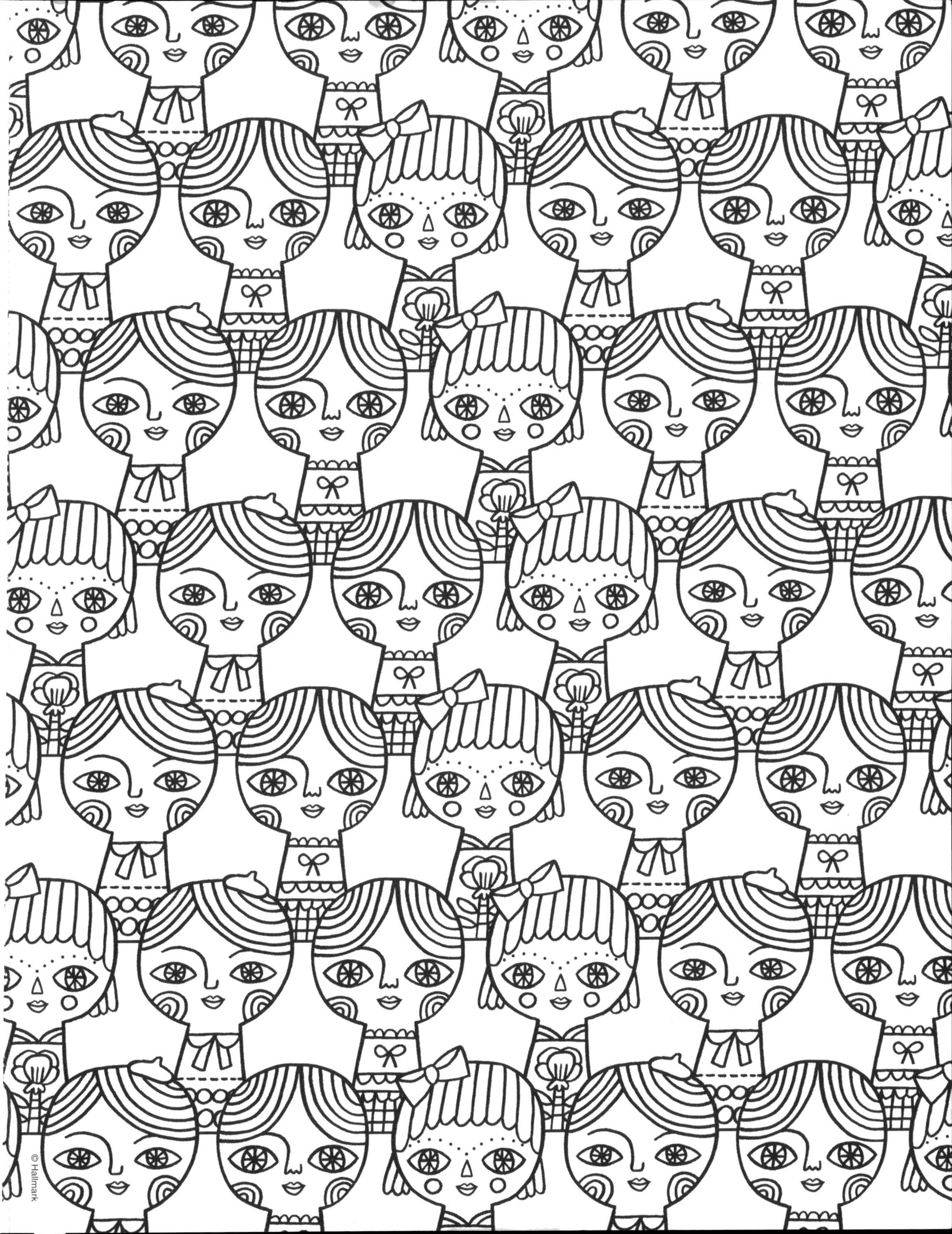

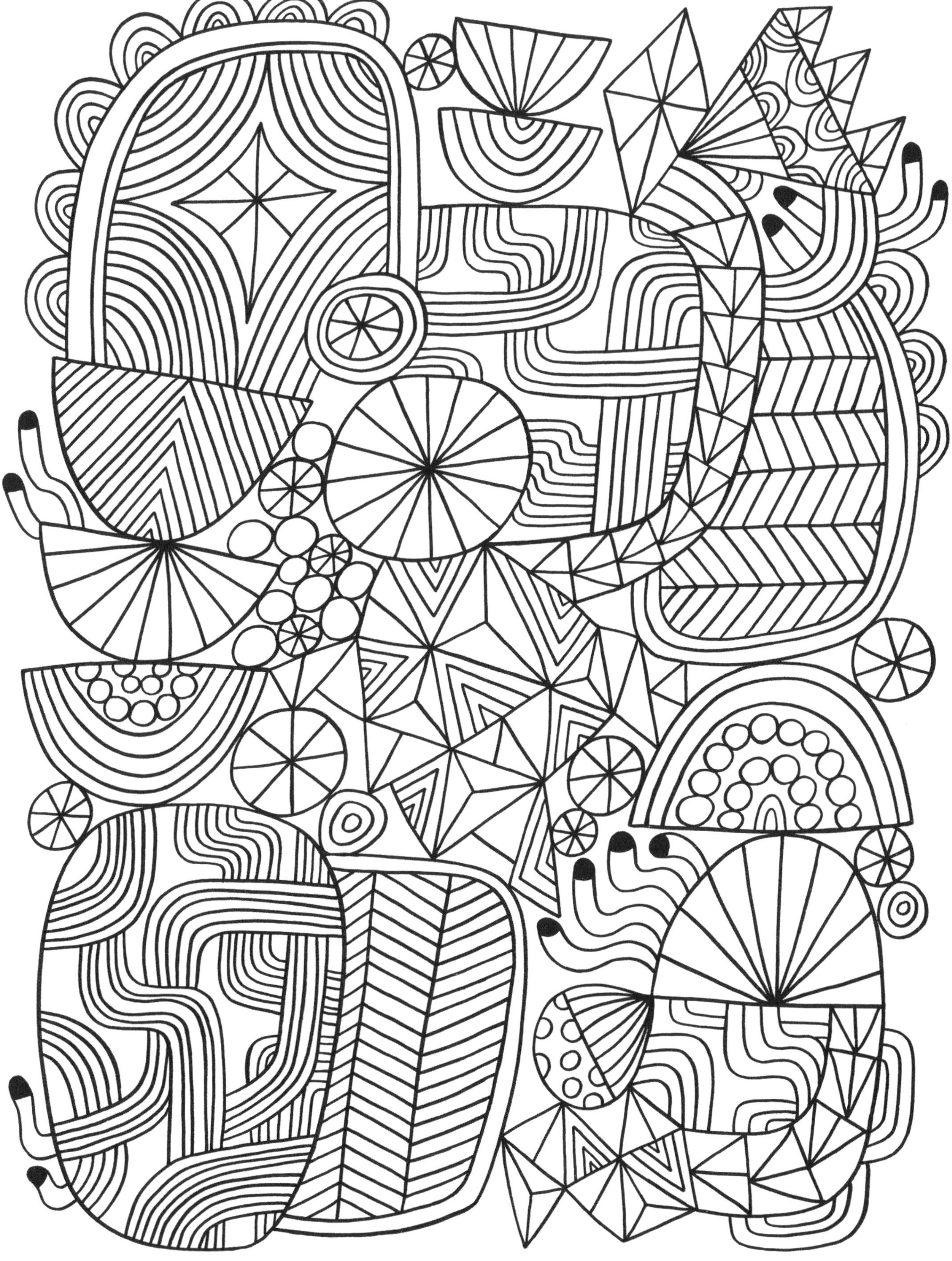

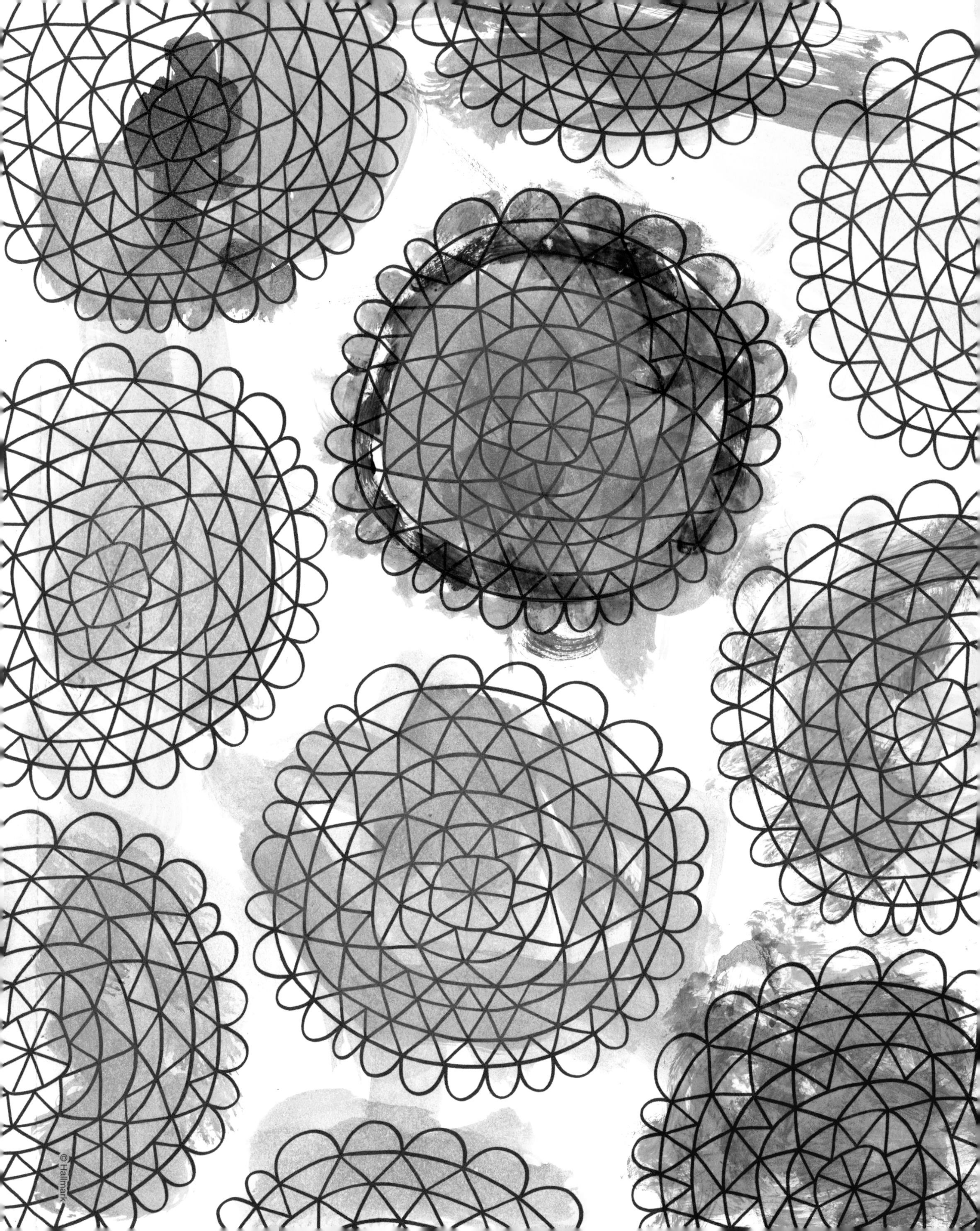

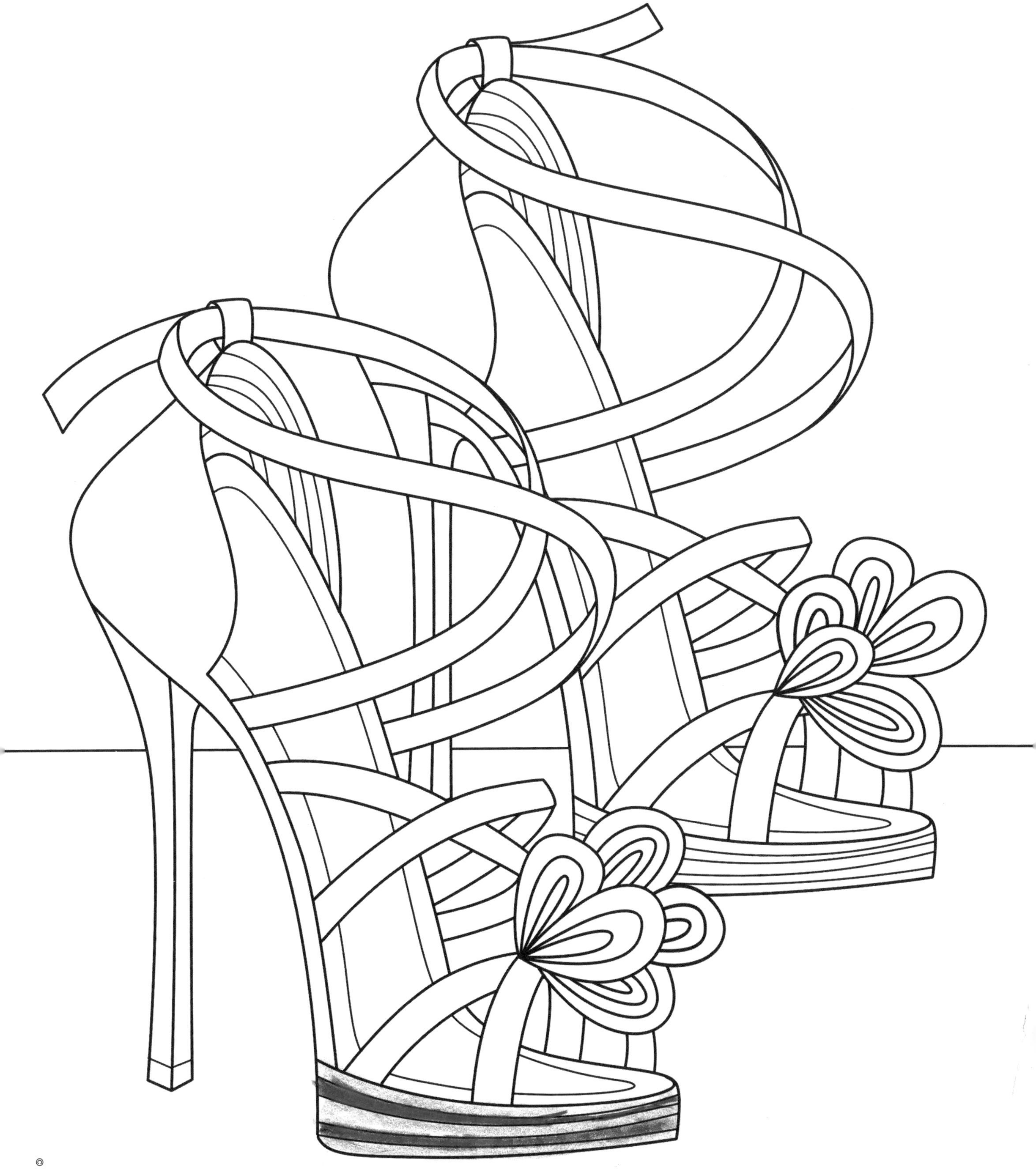

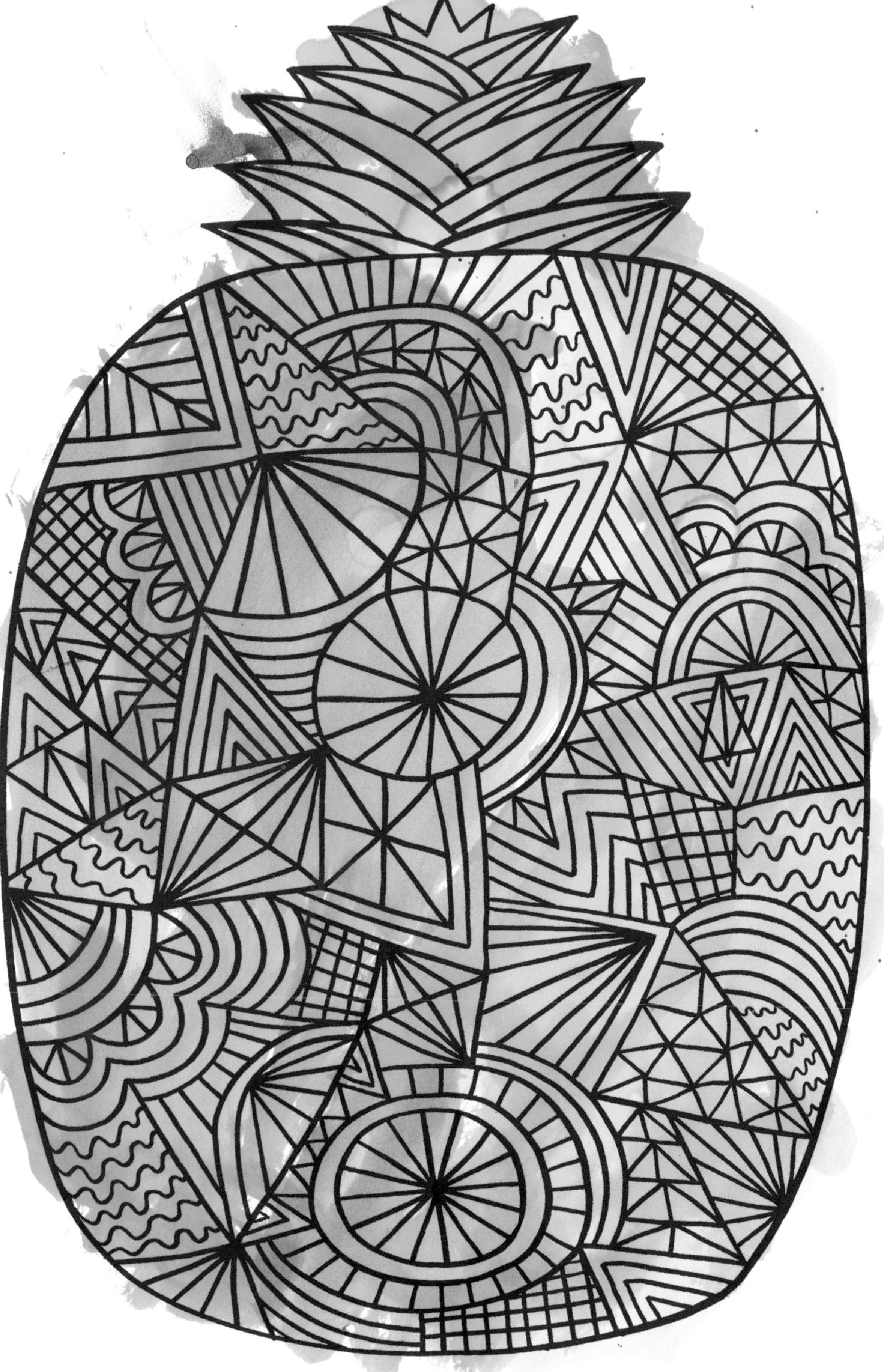

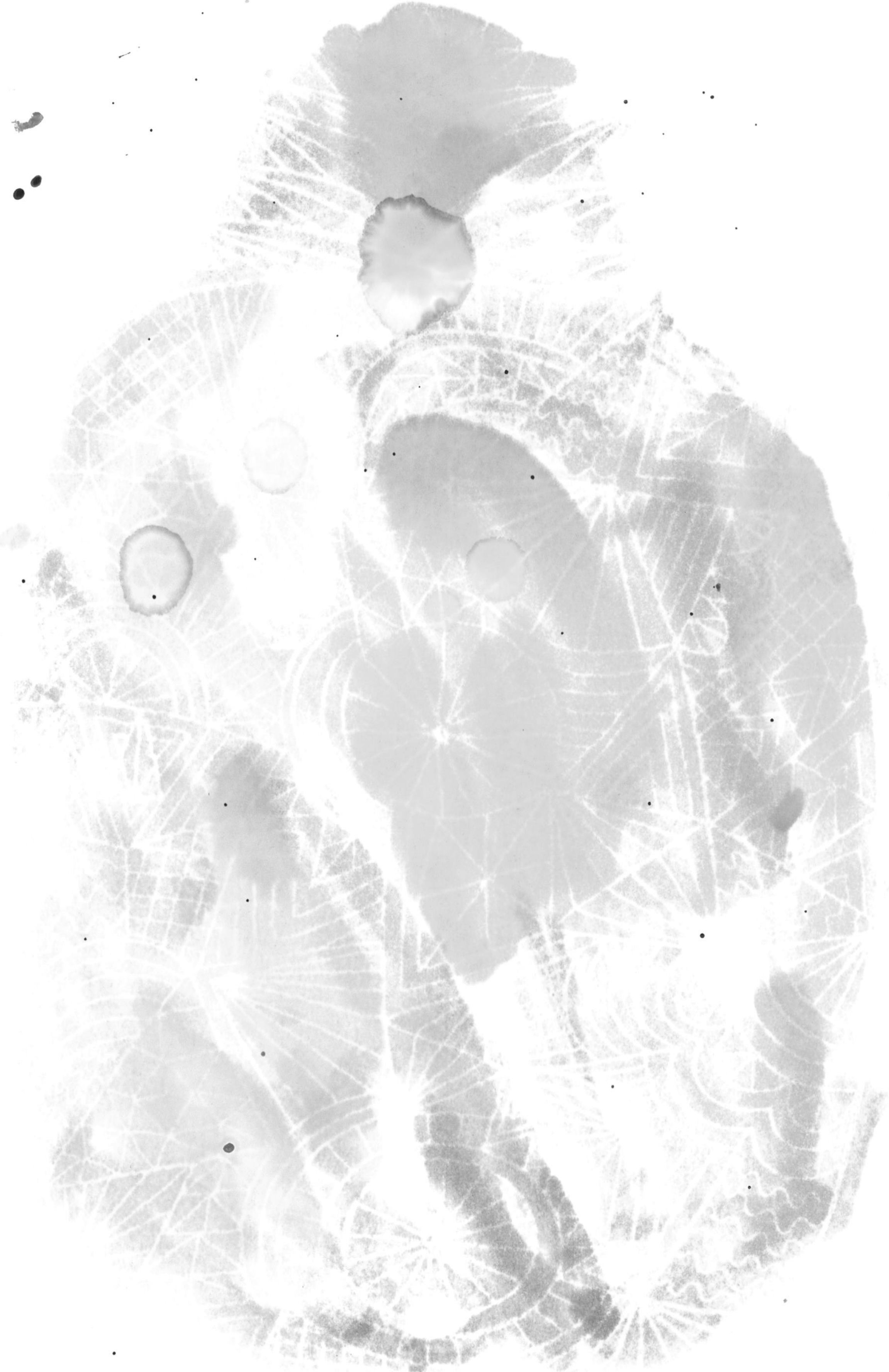

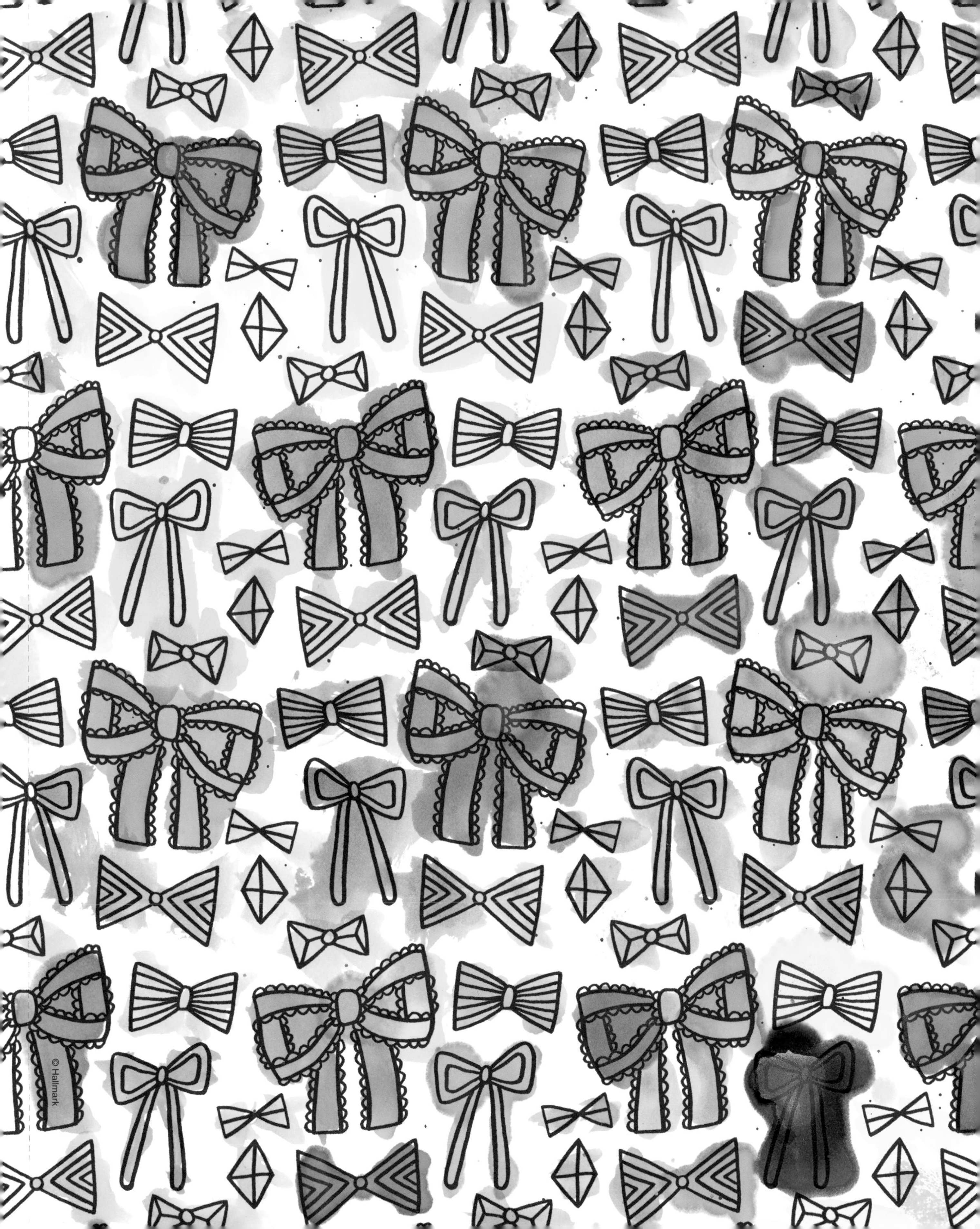
© Hallmark

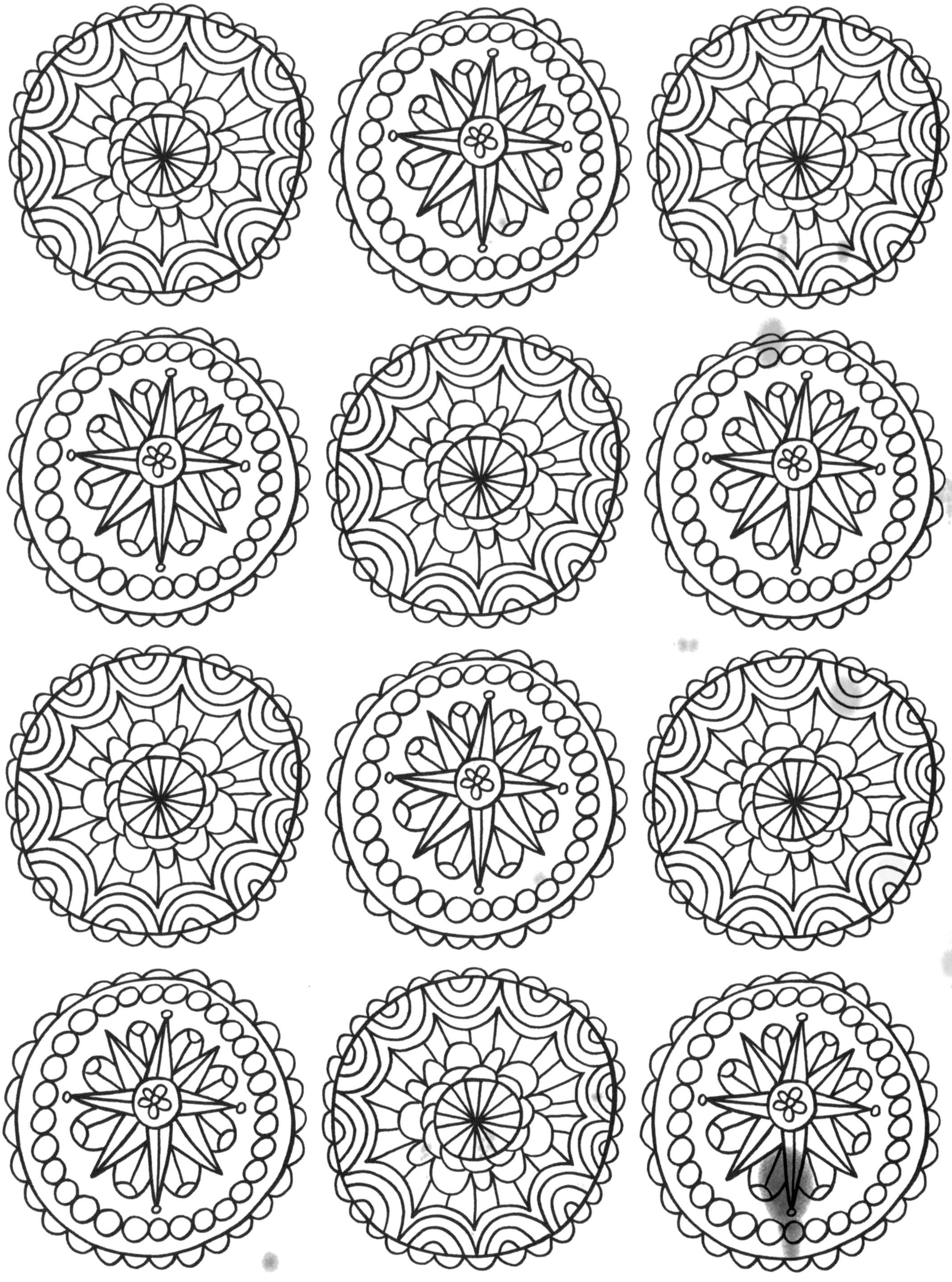

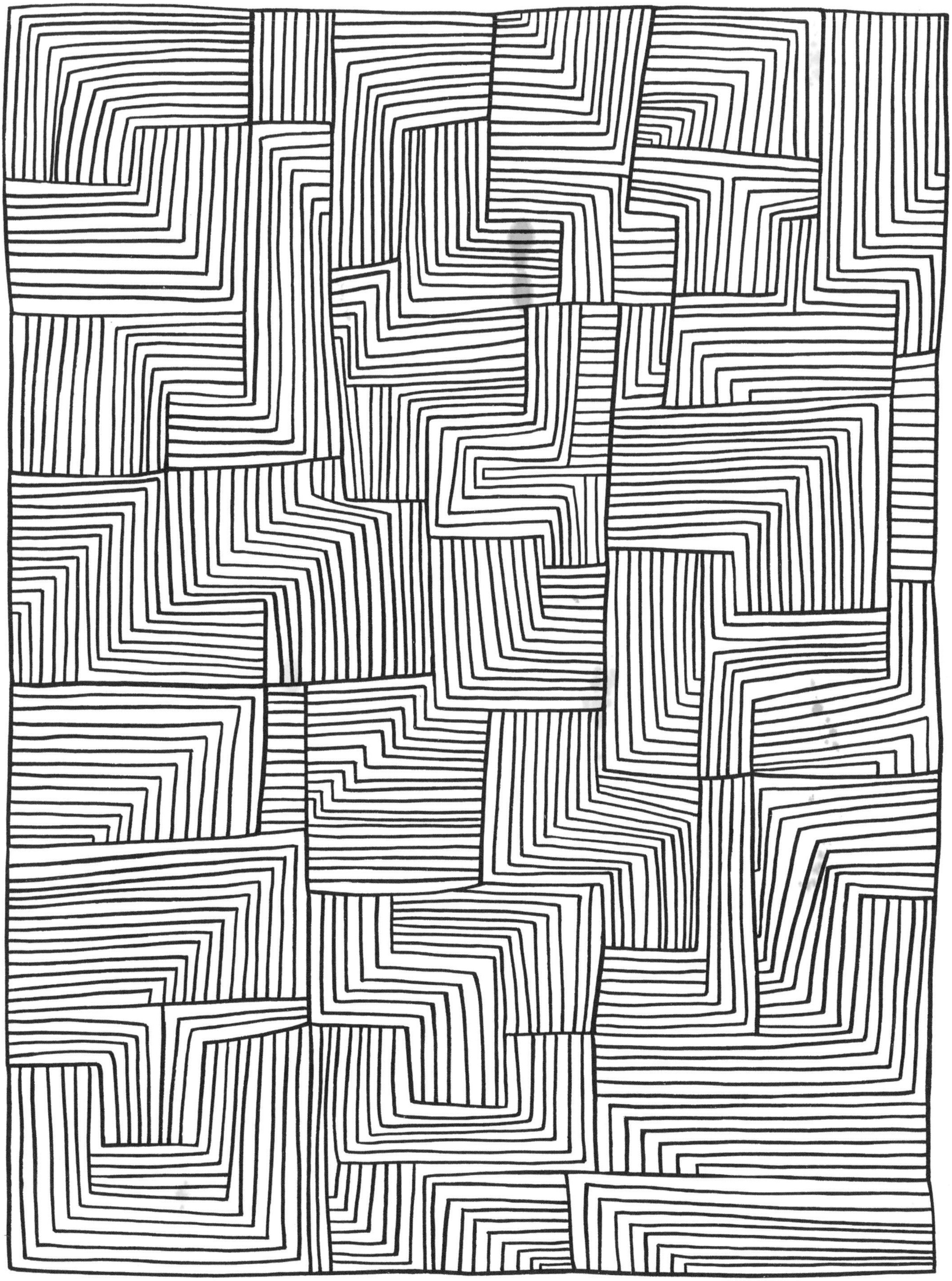

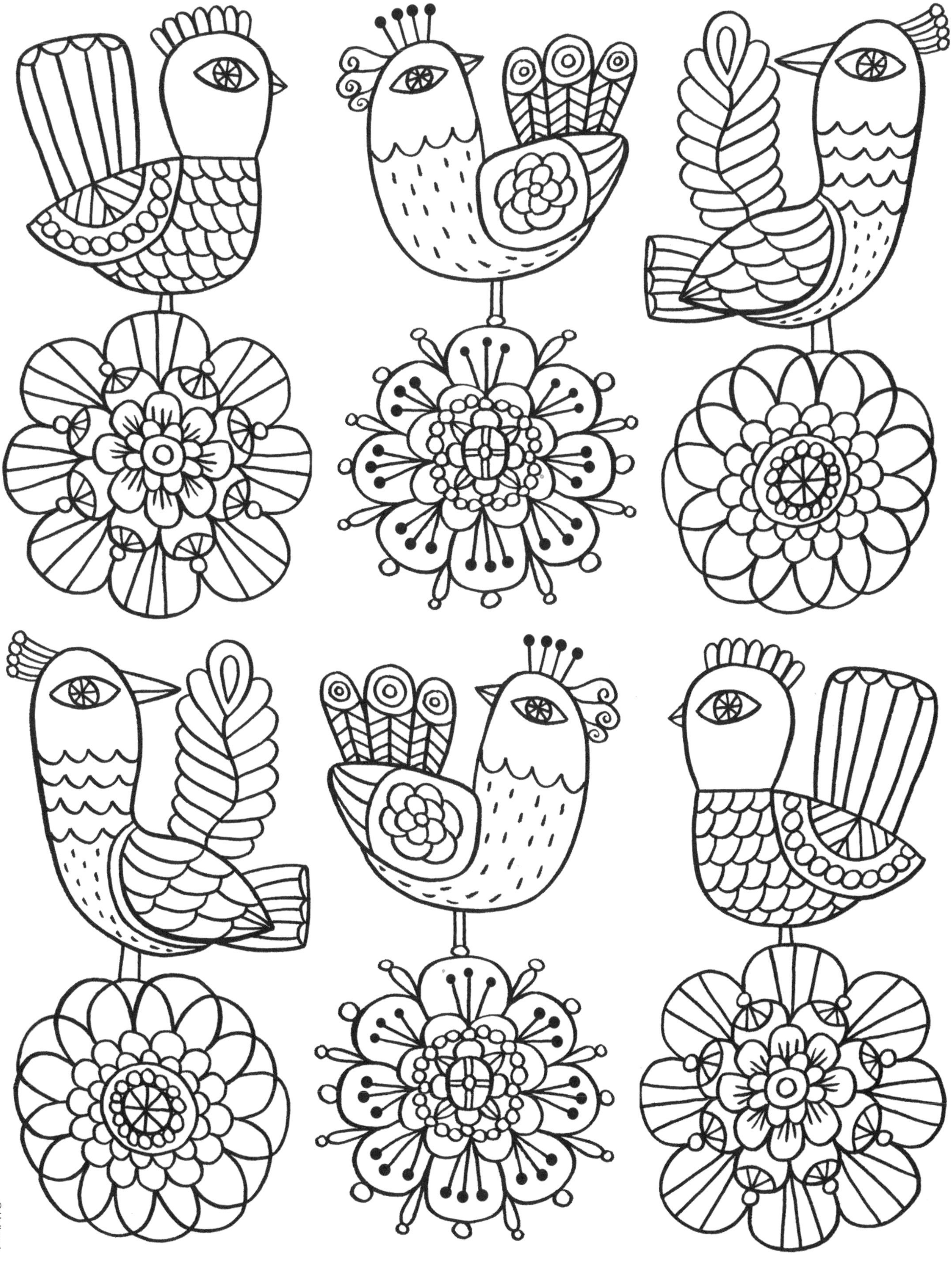

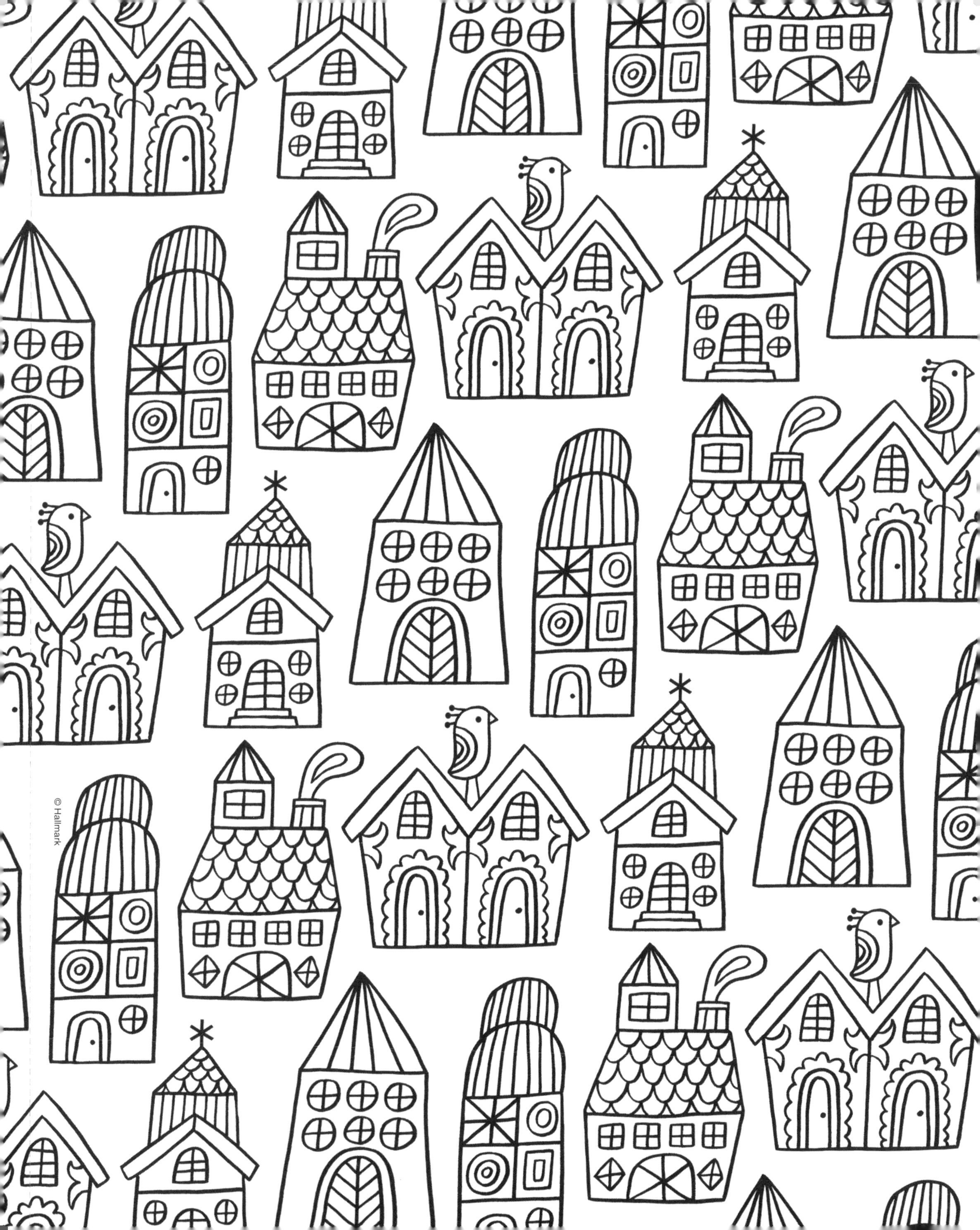

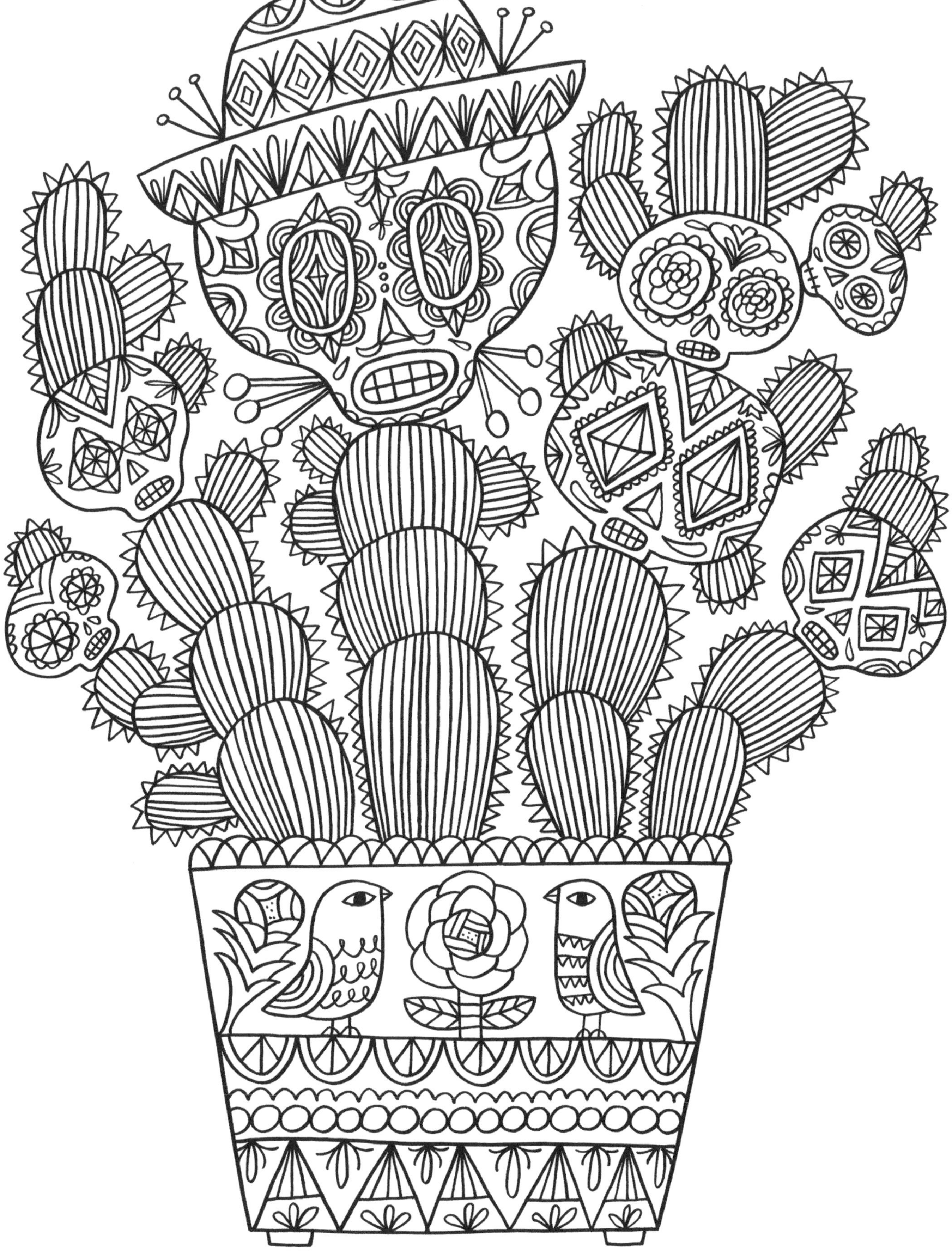

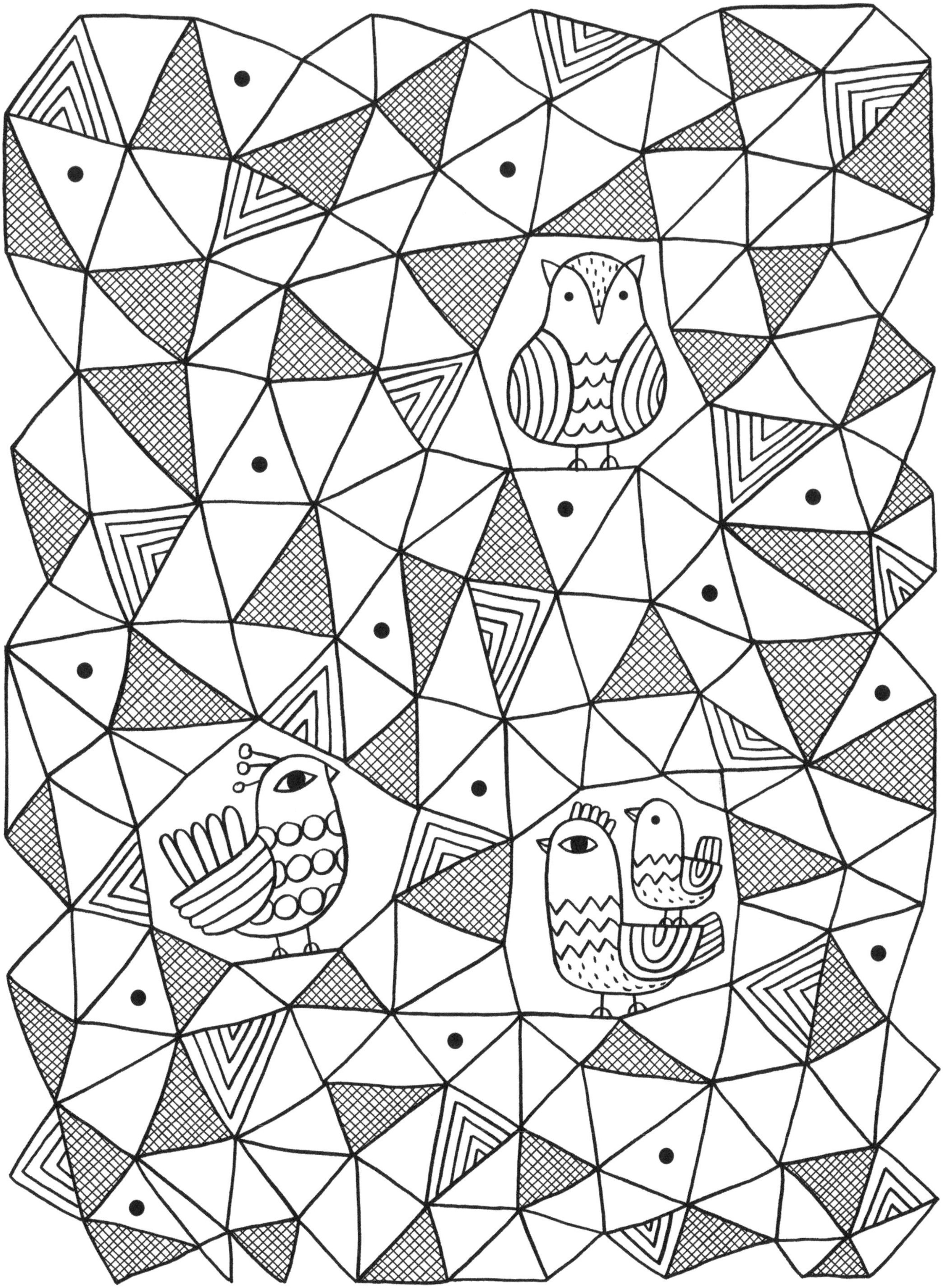

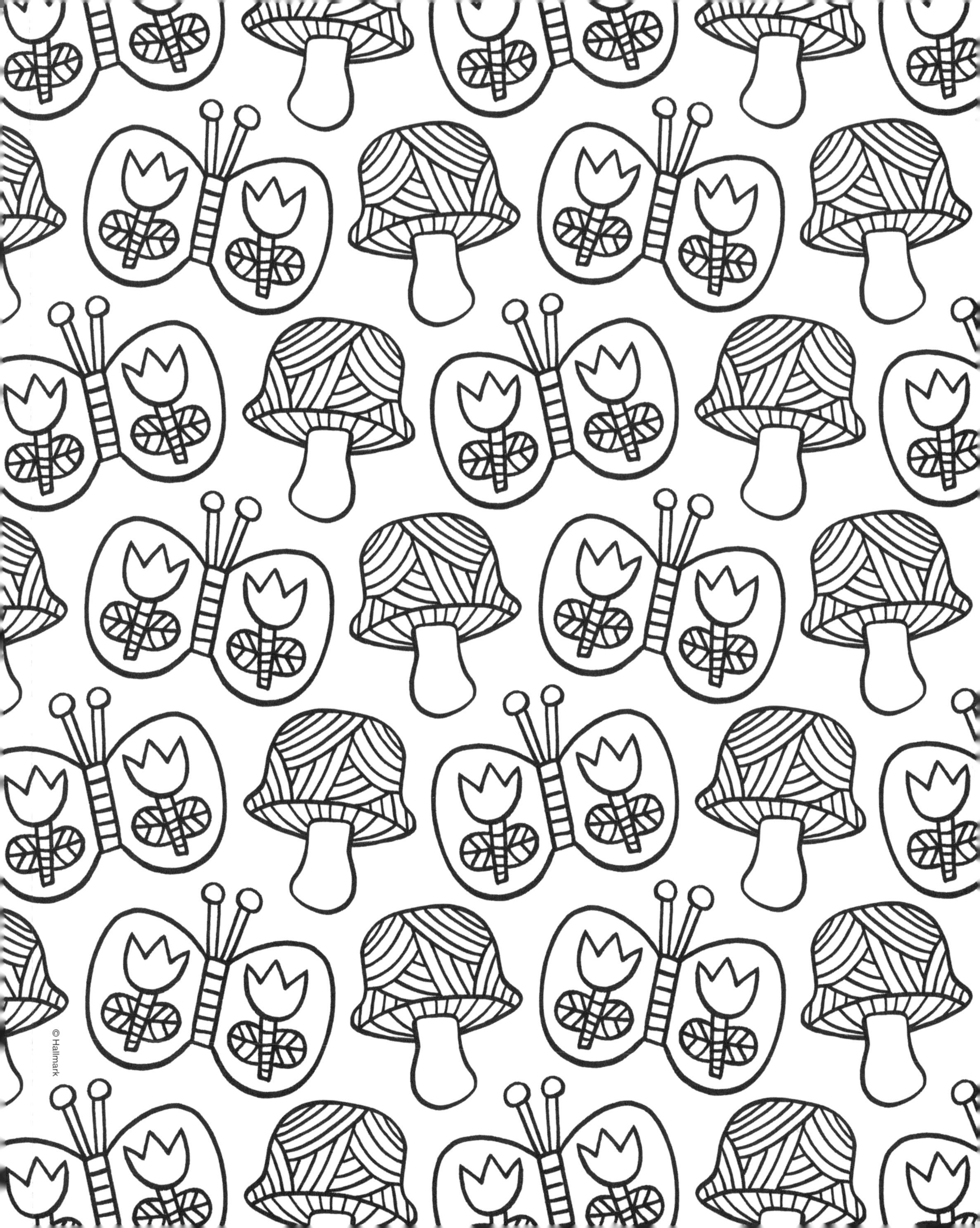

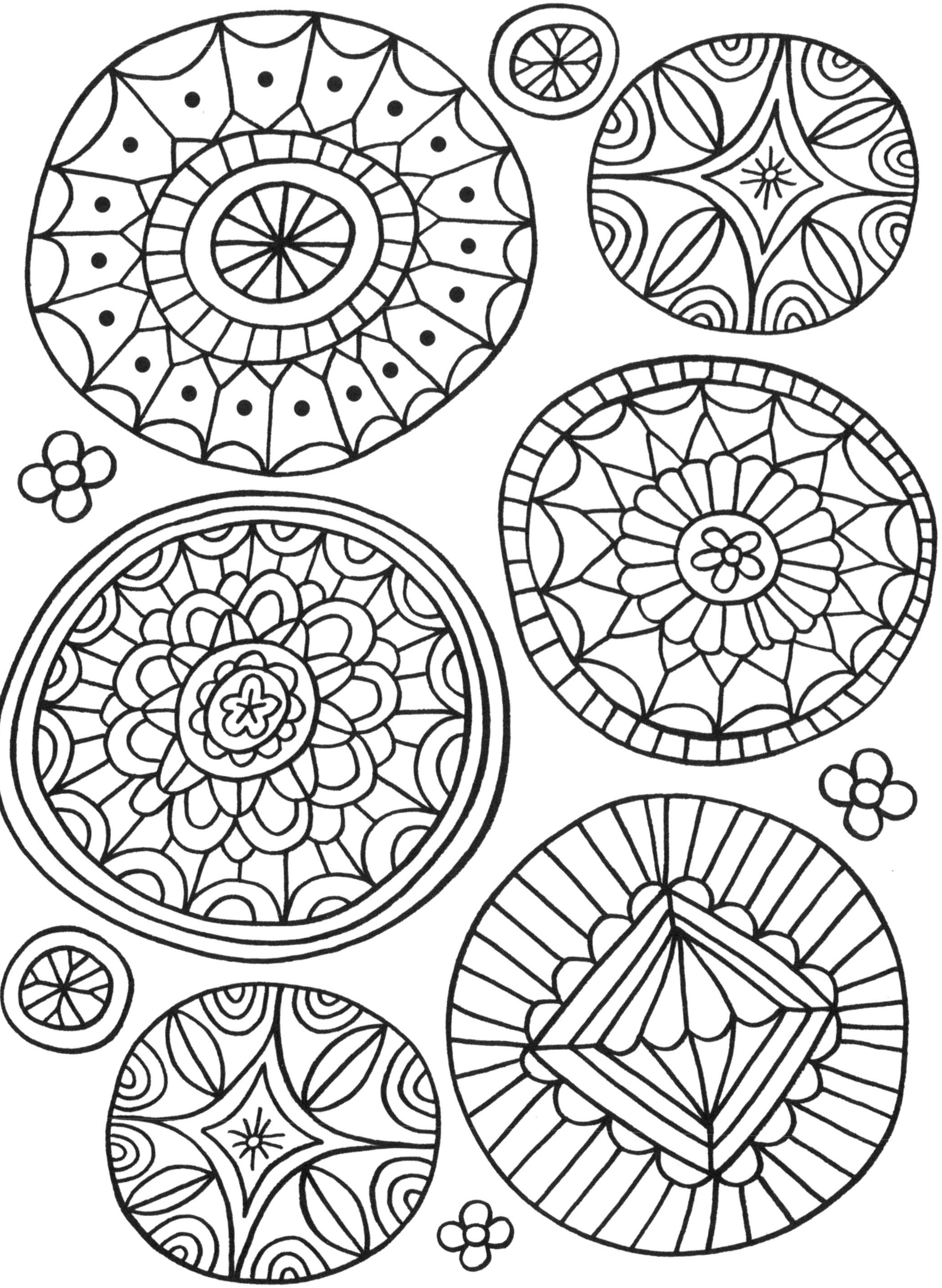

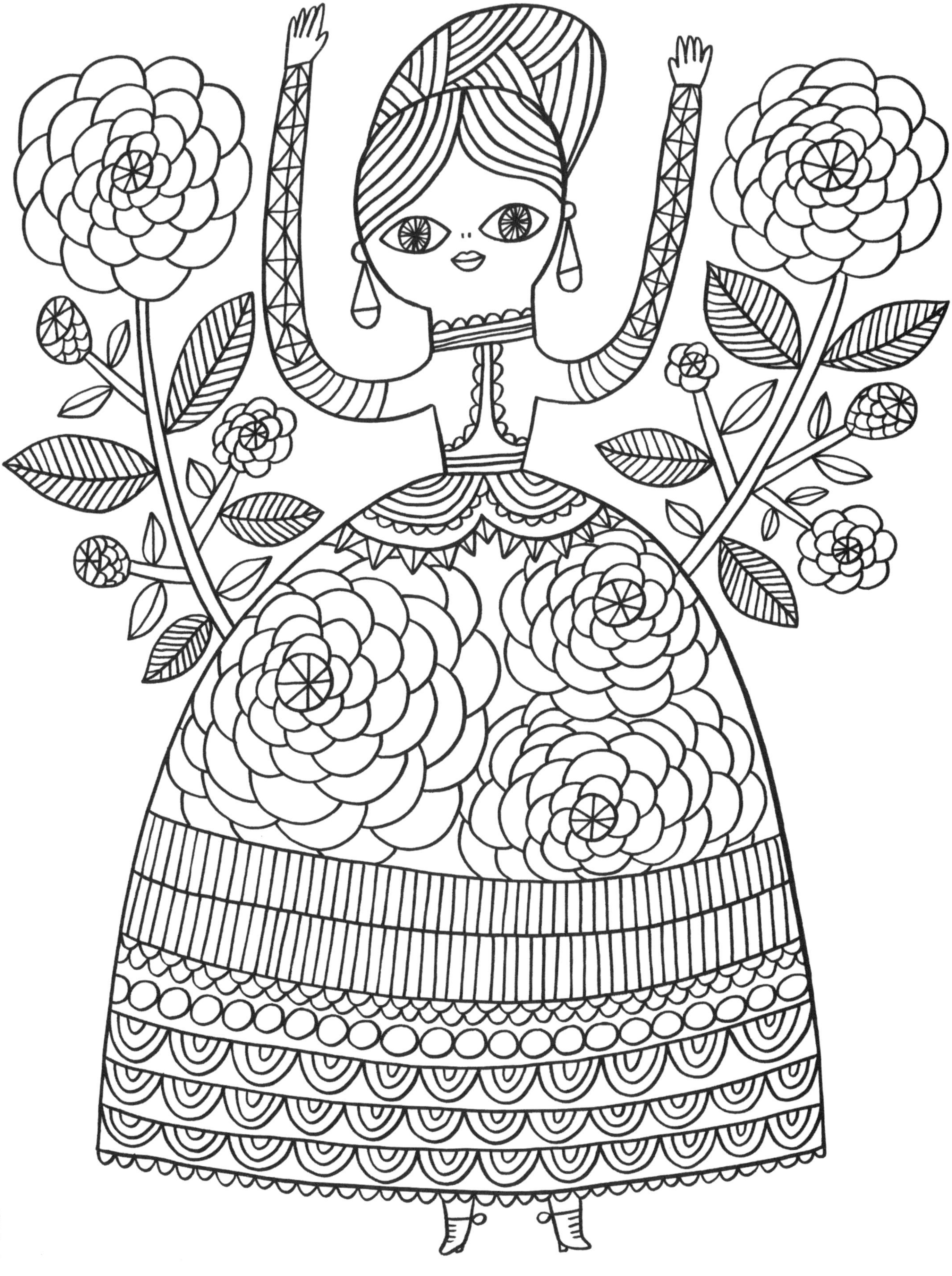

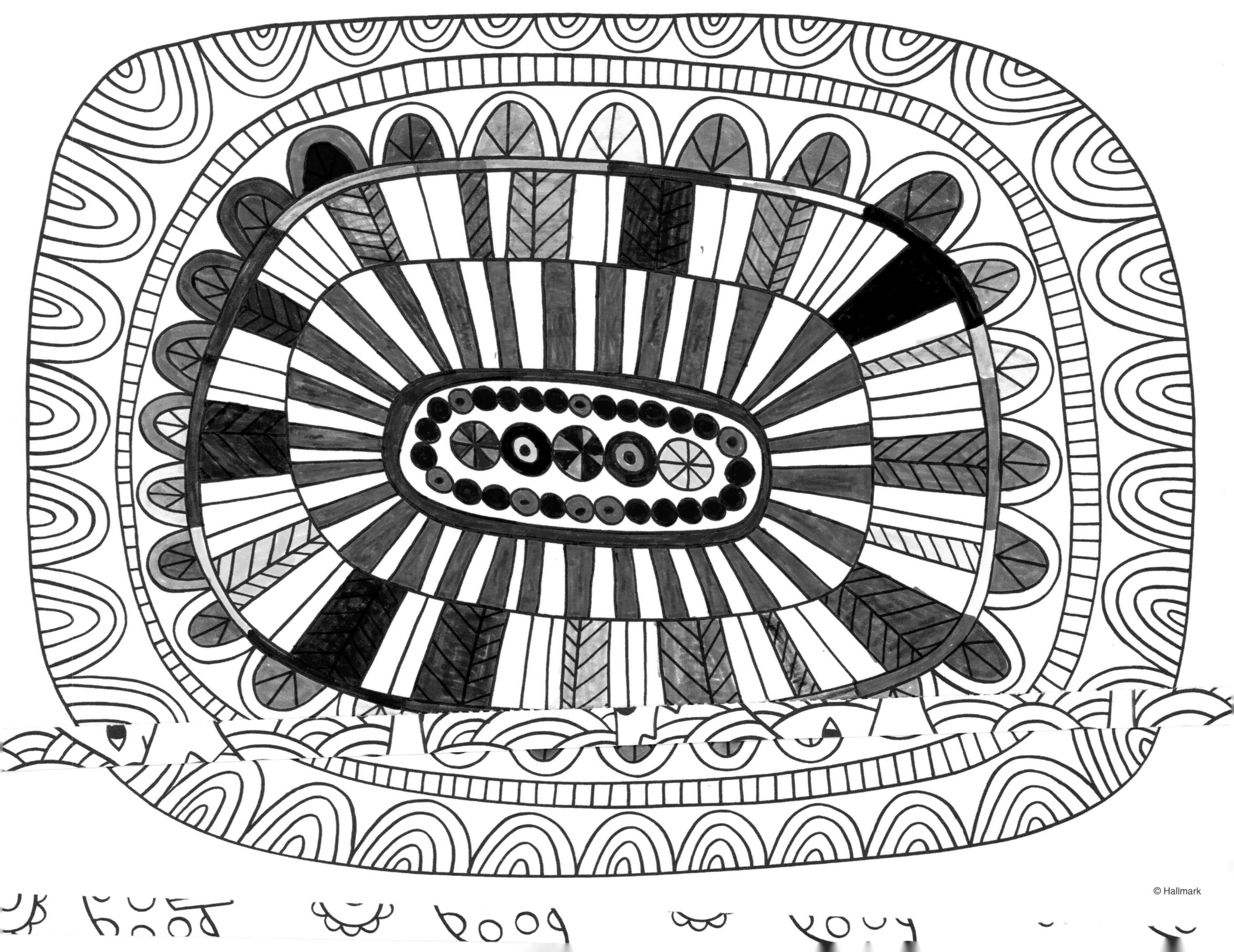

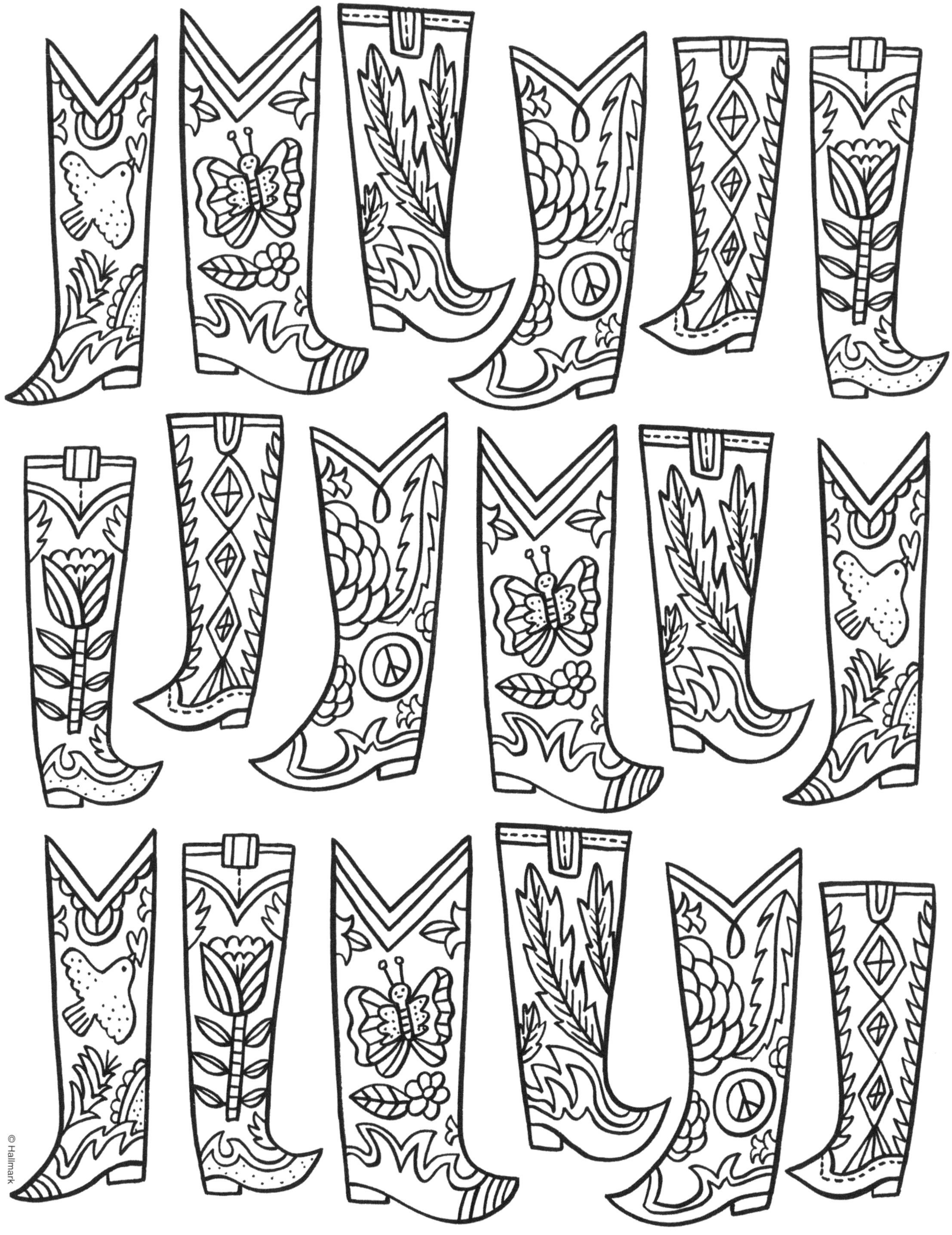

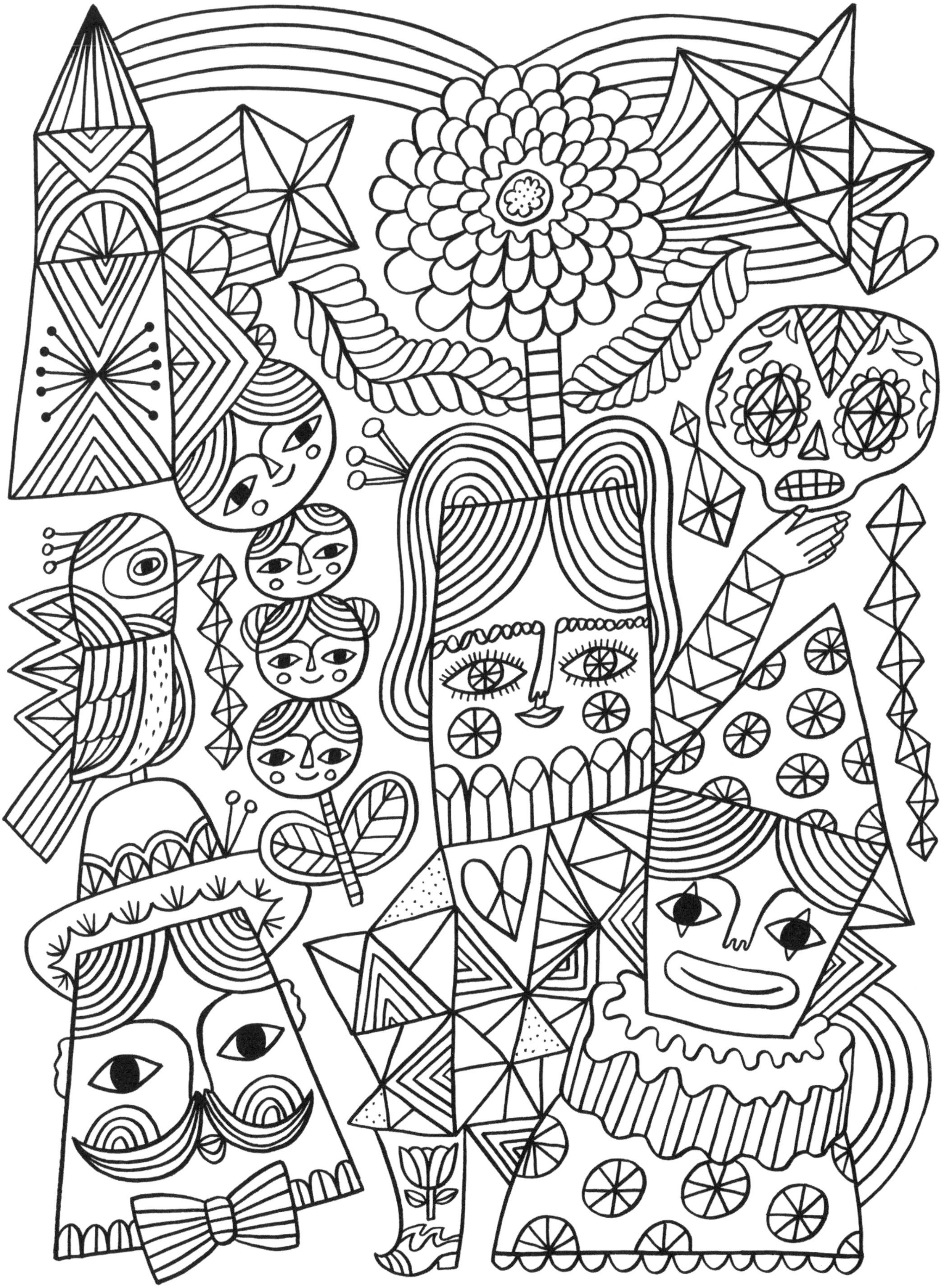

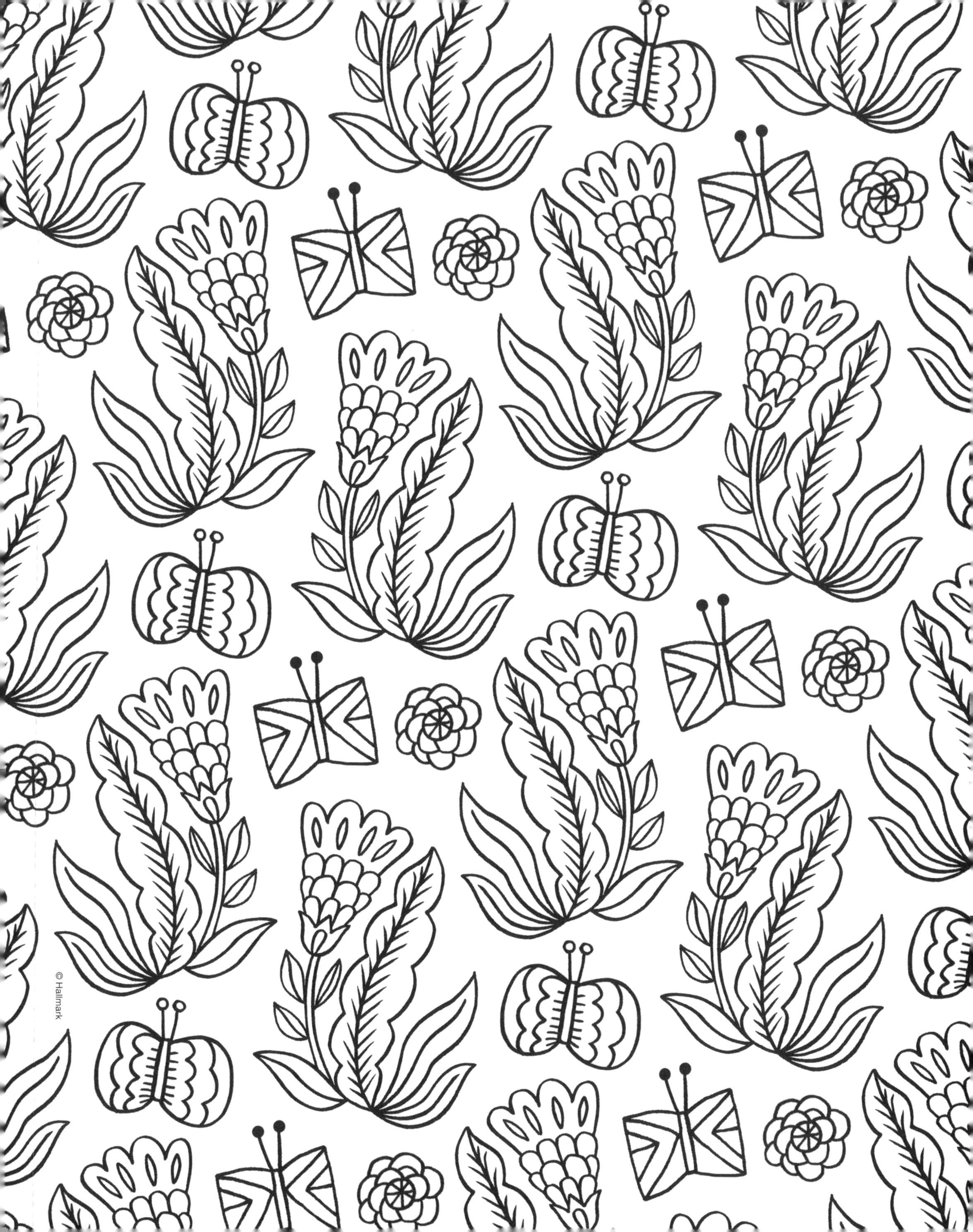

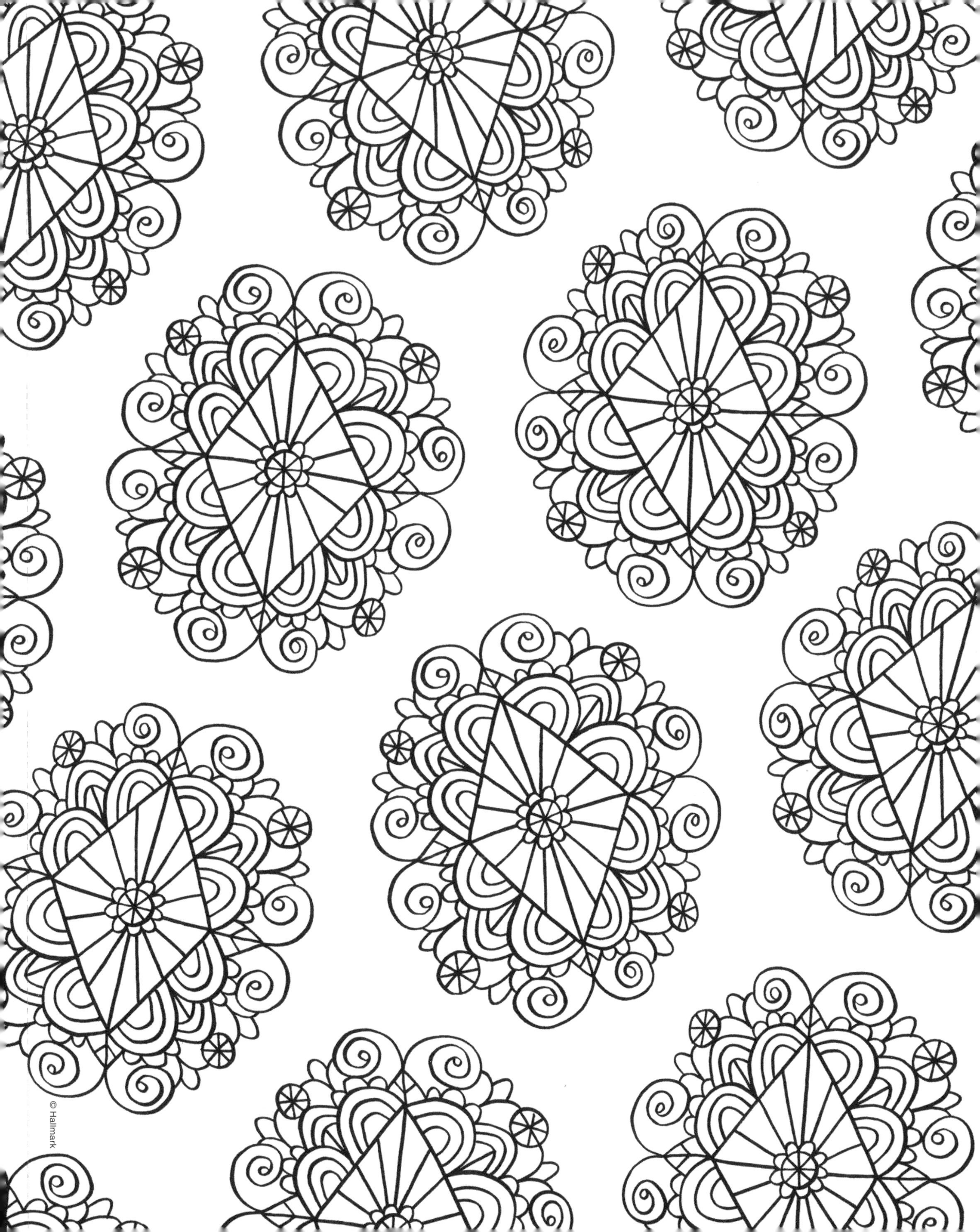

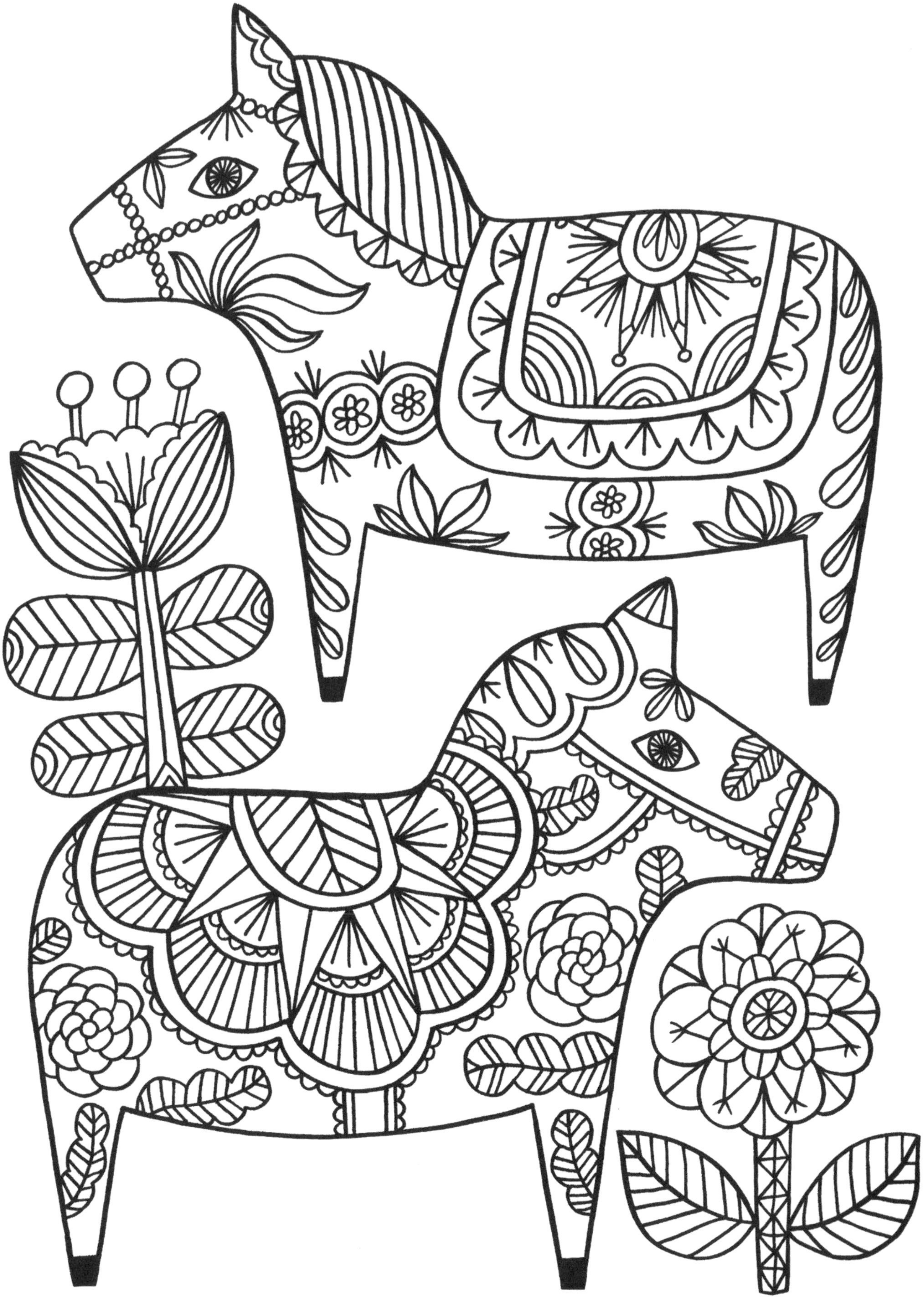

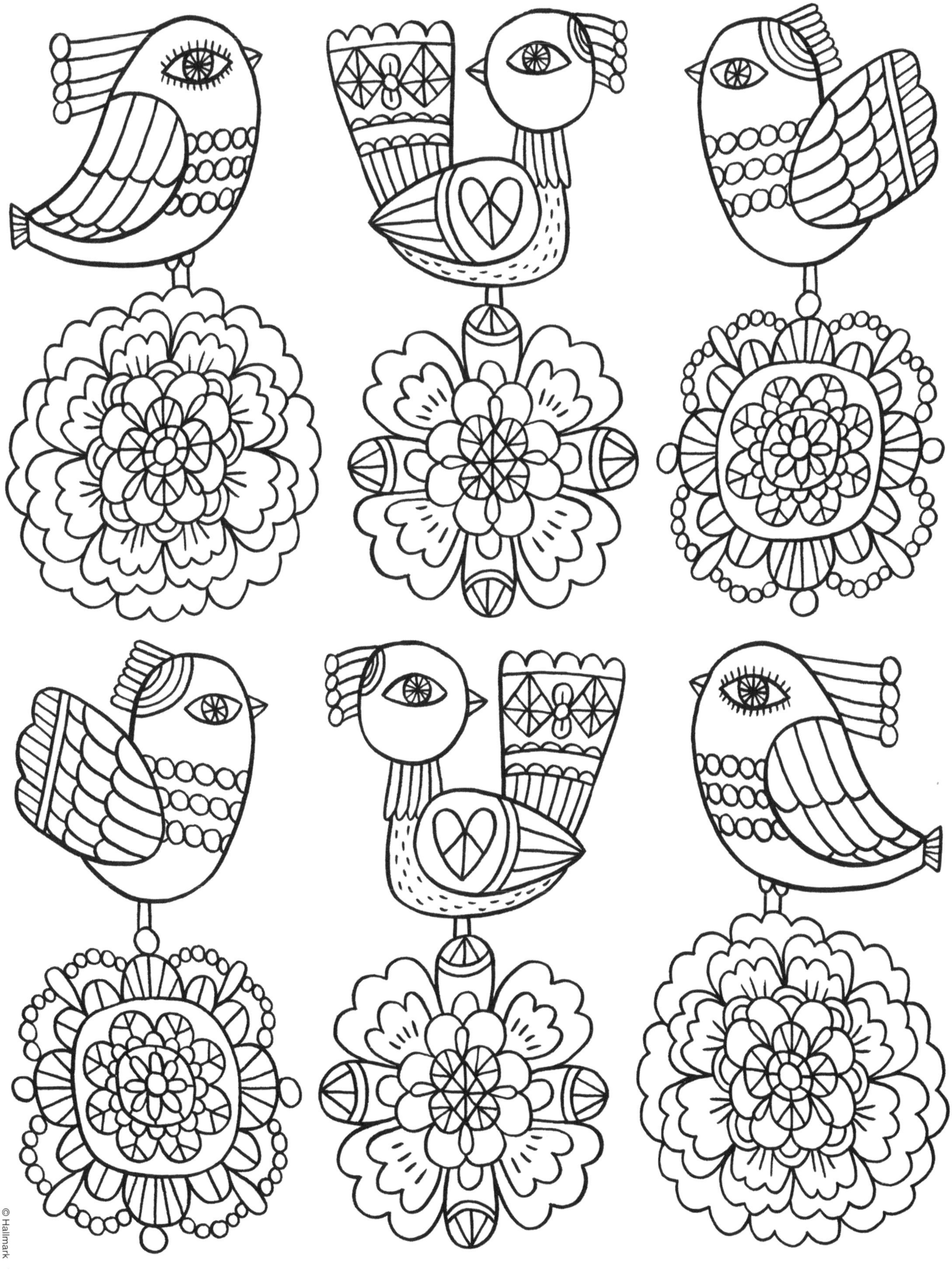

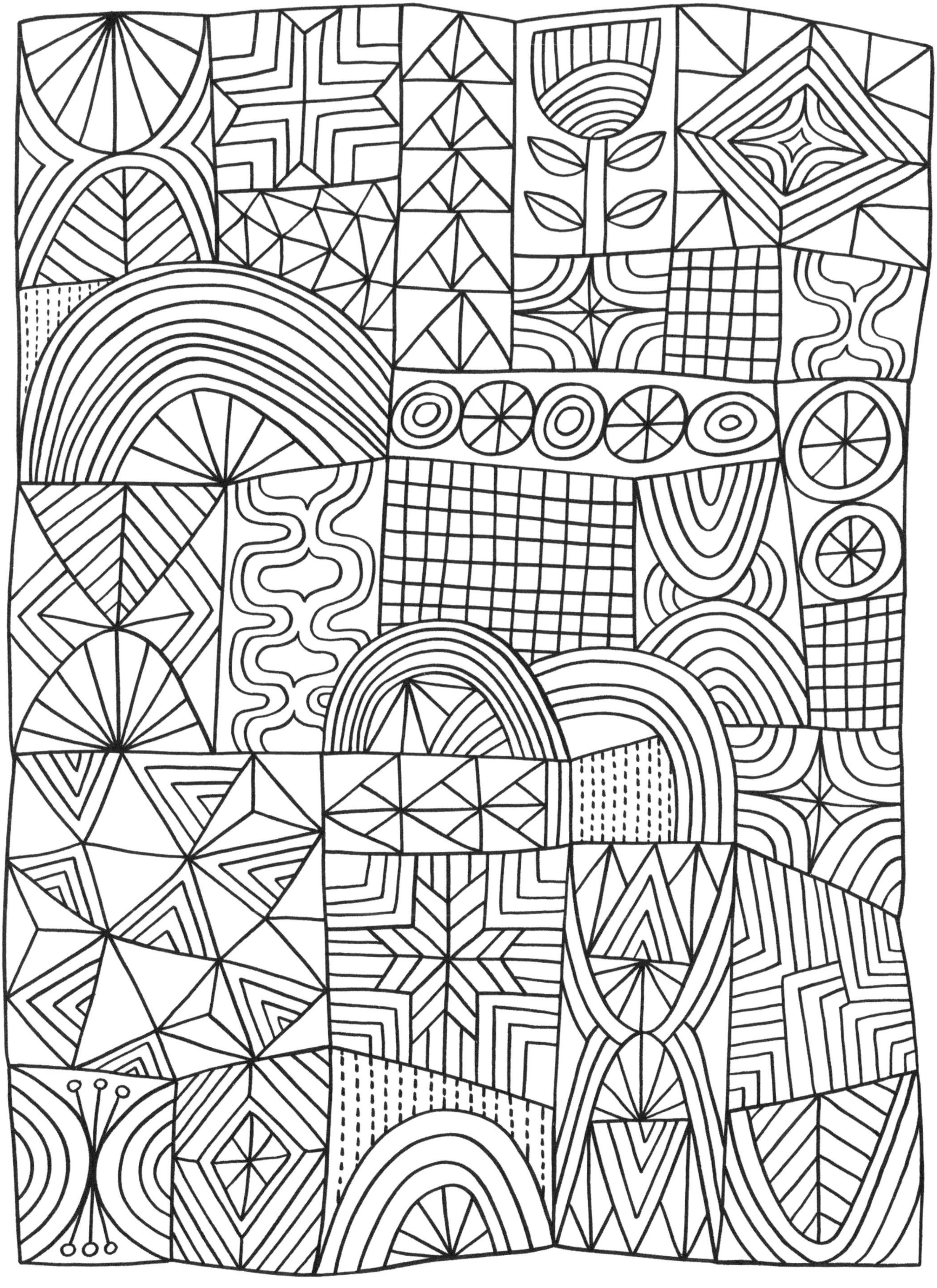

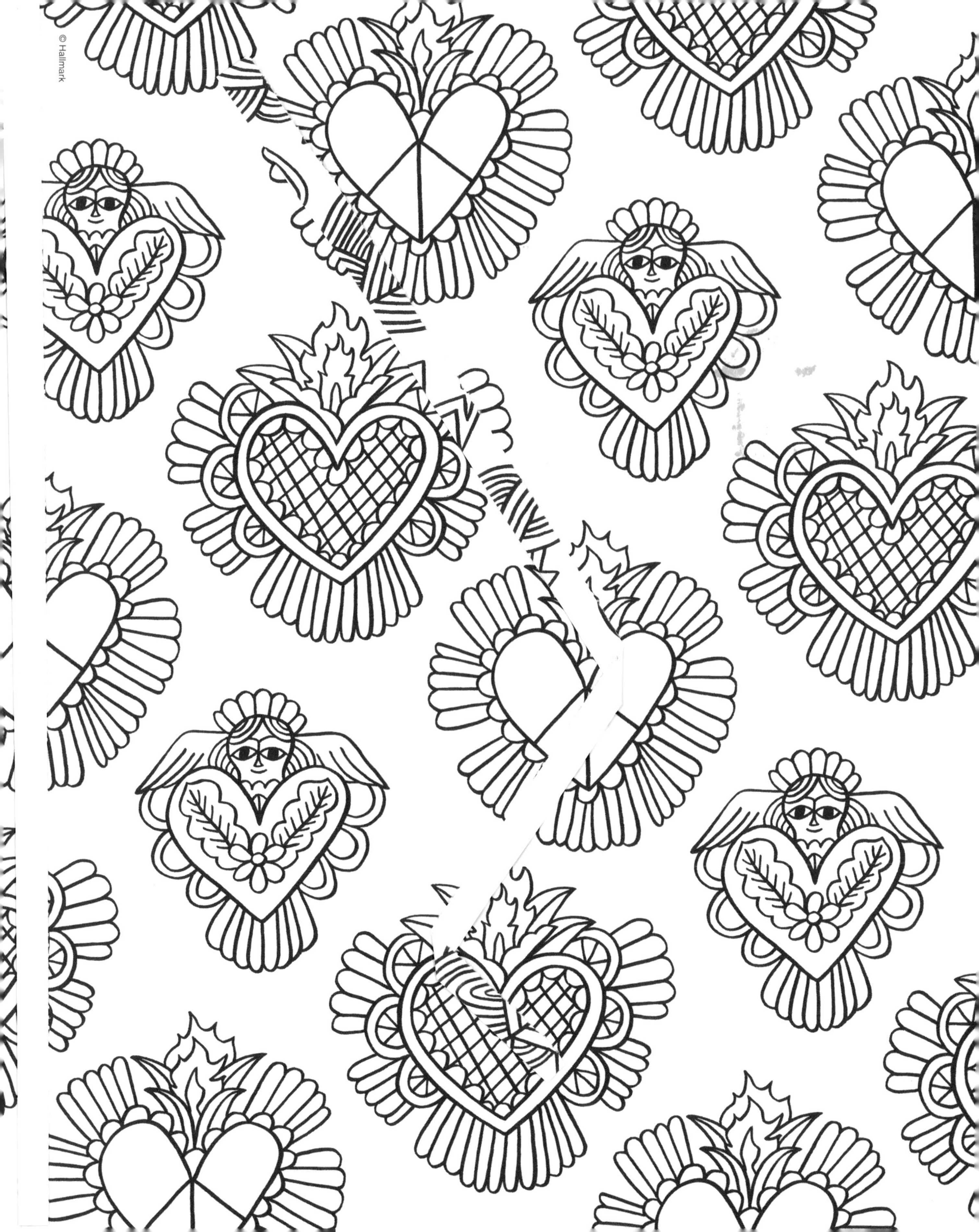

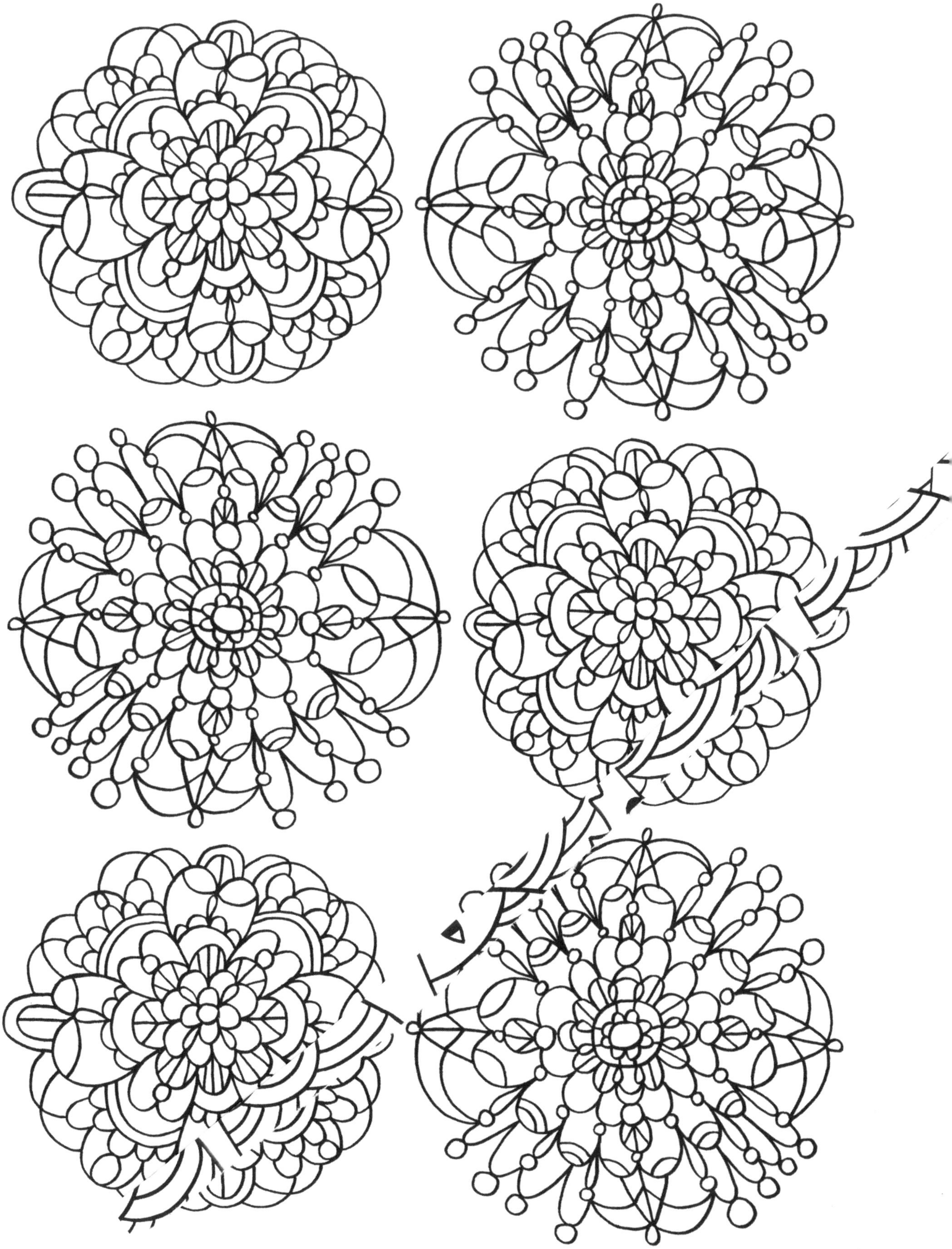

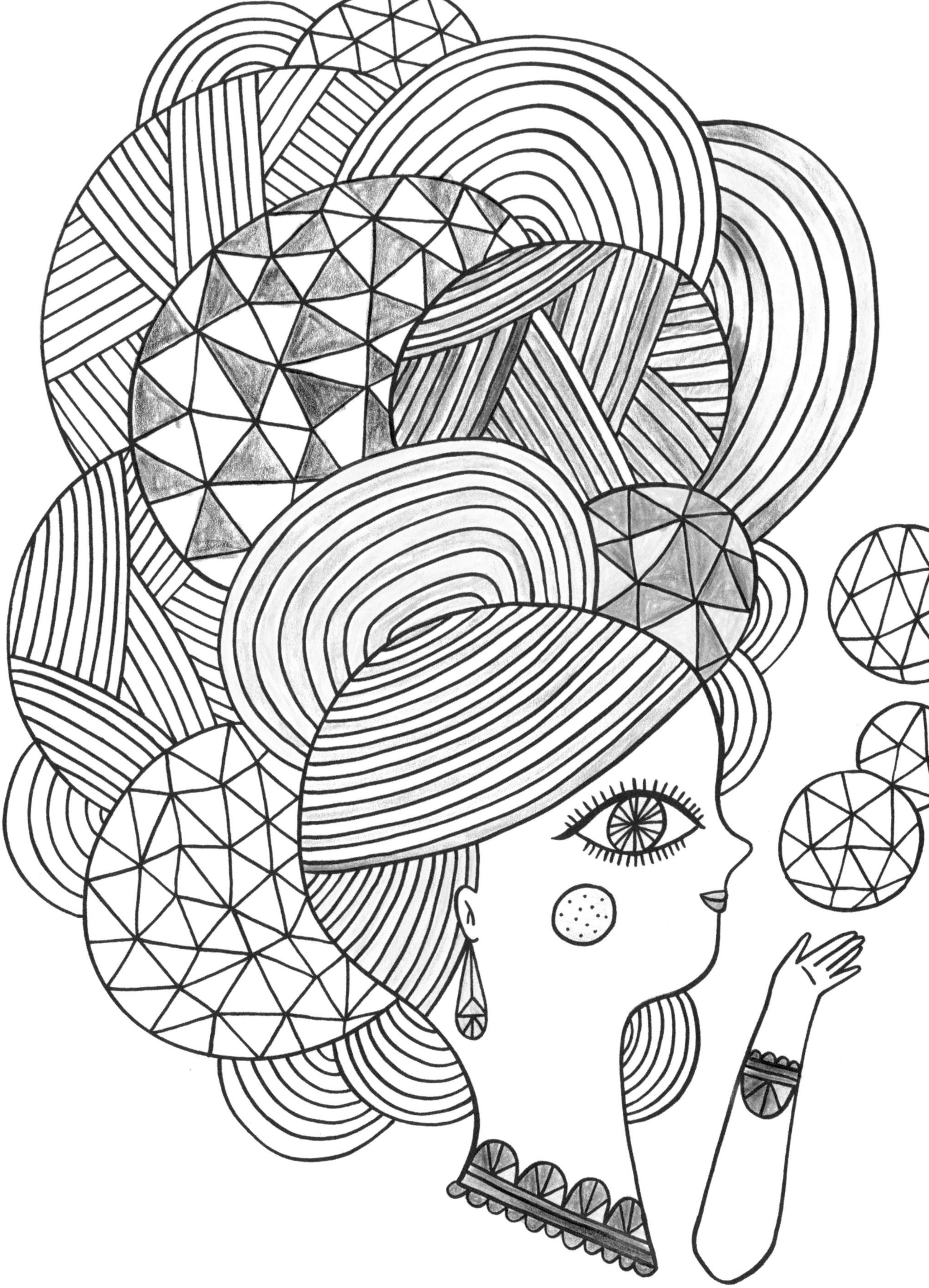

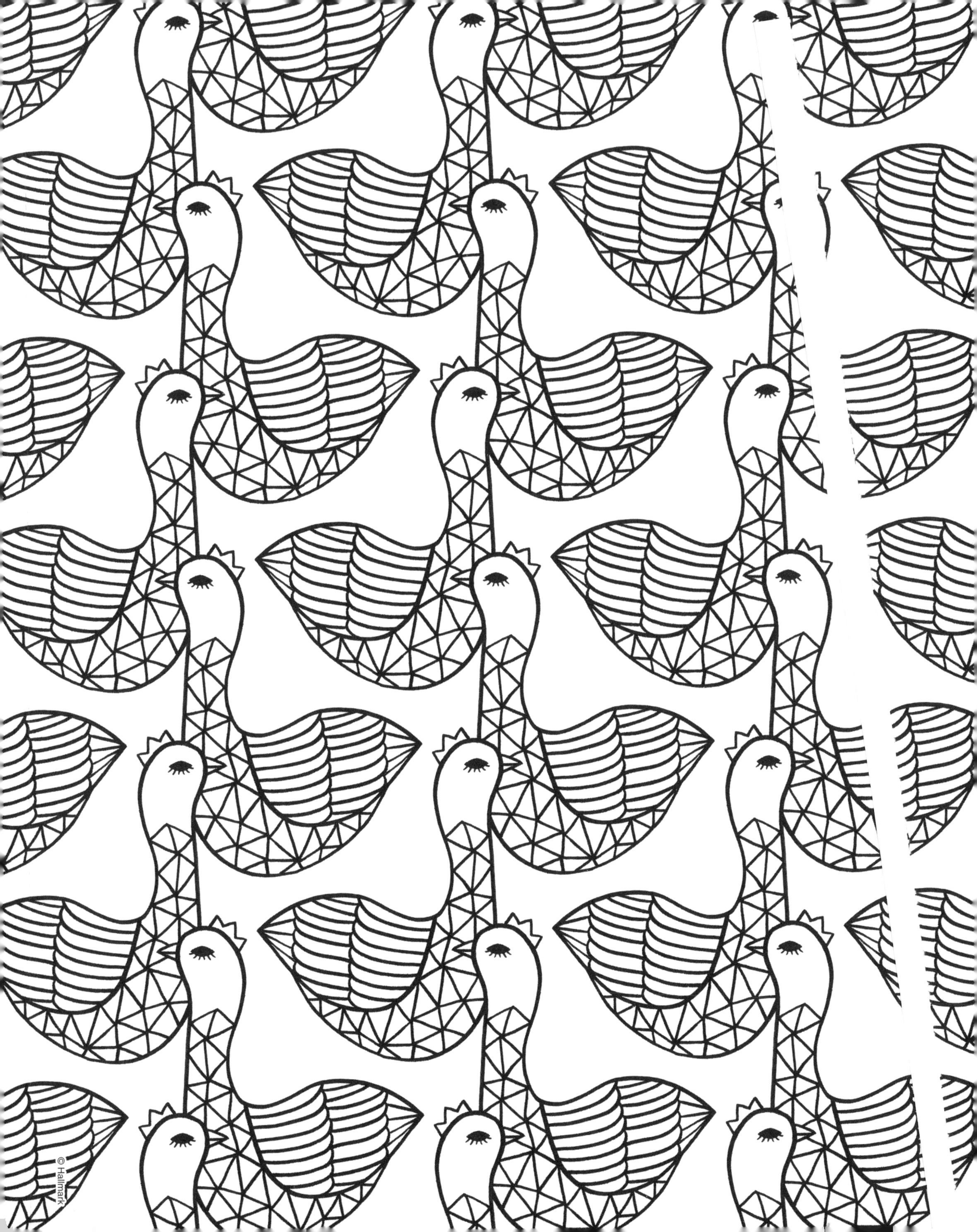

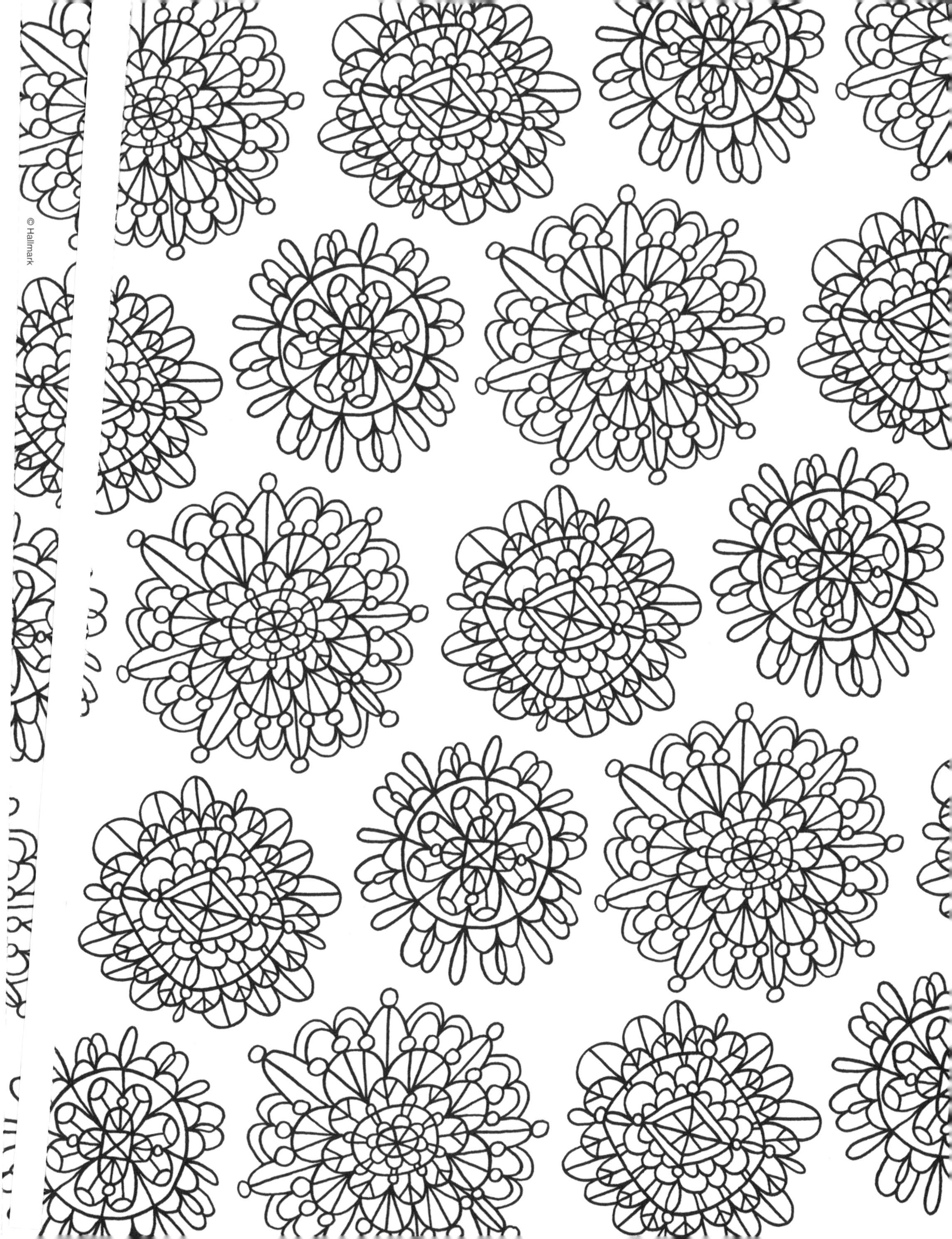

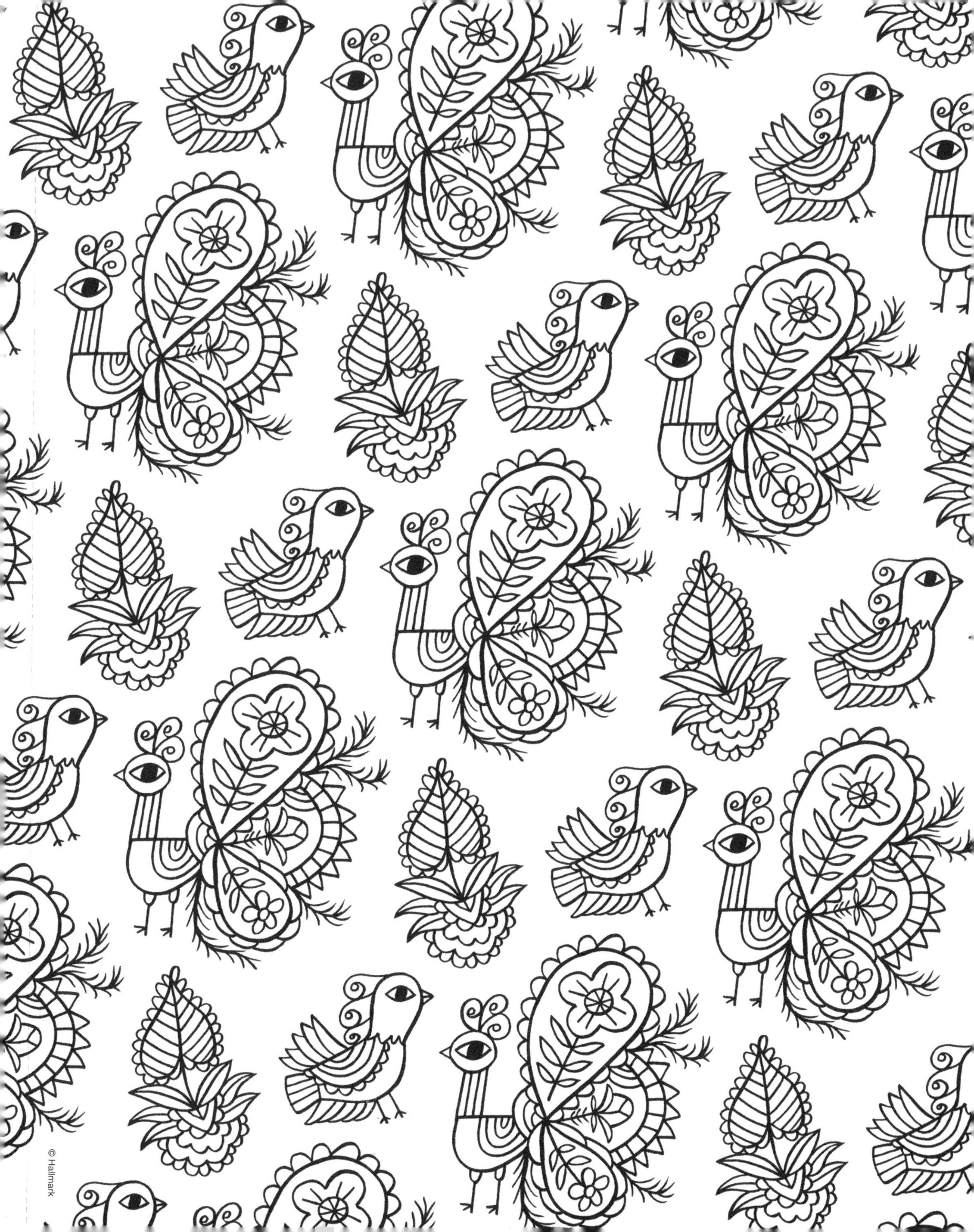

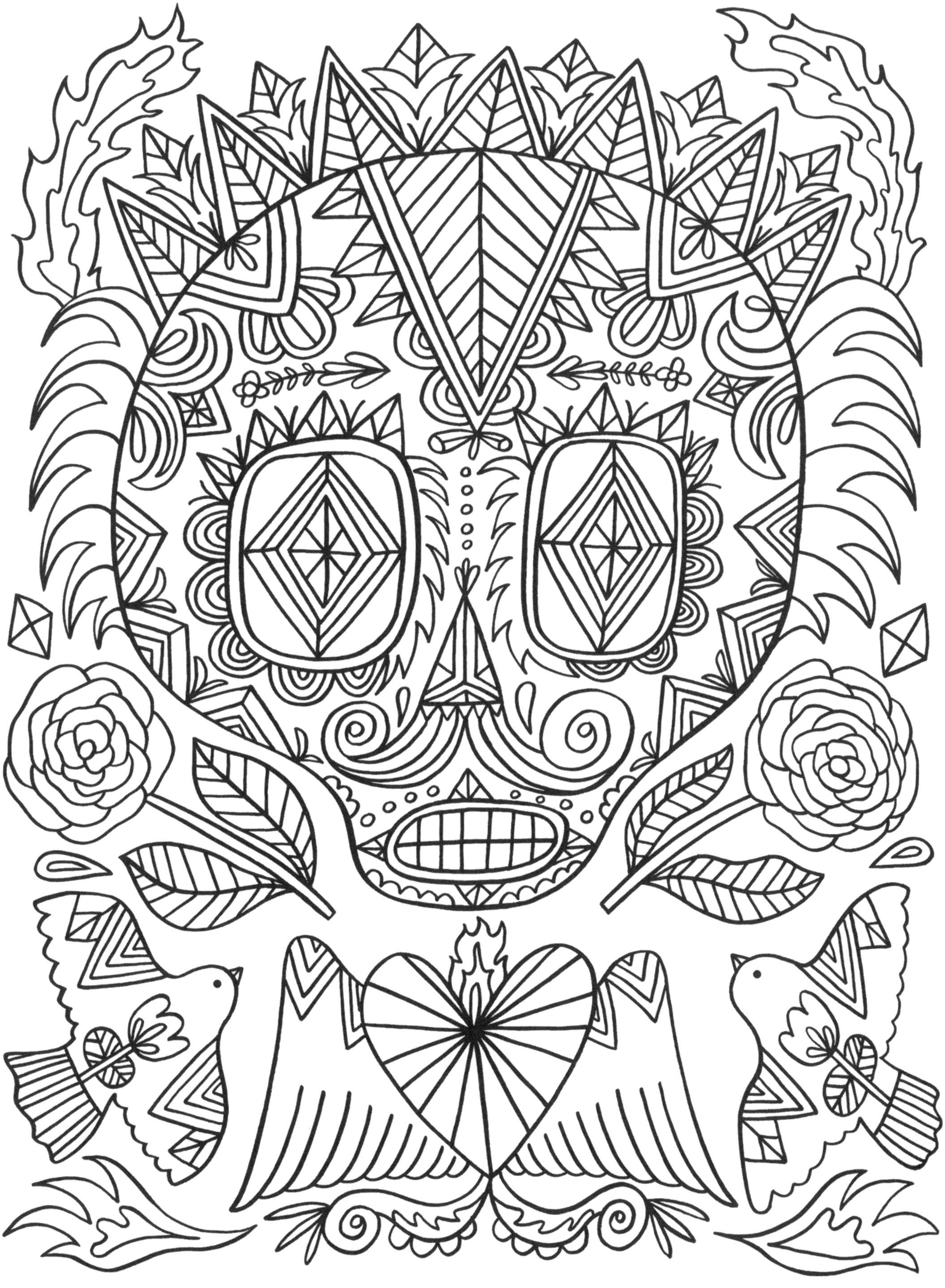

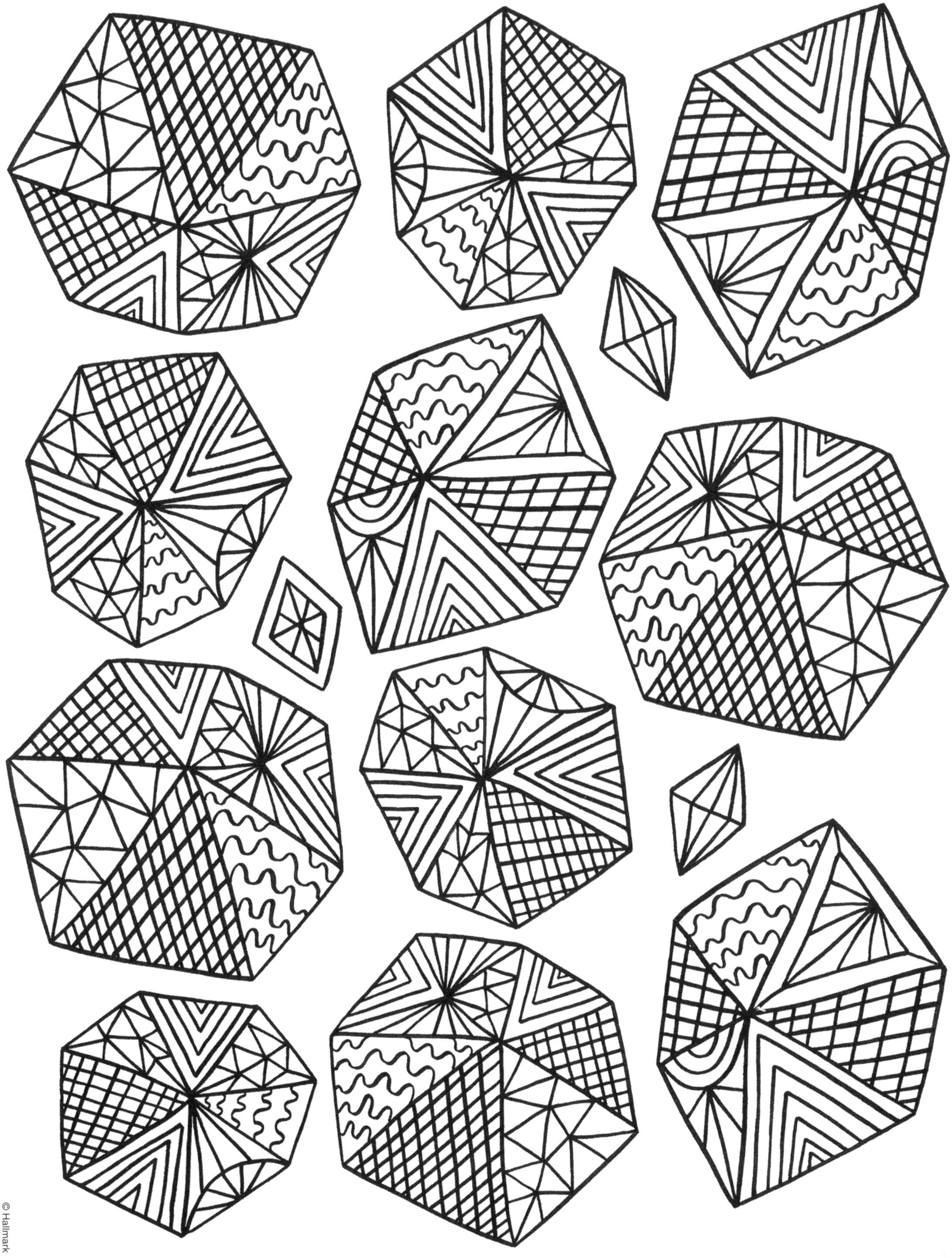

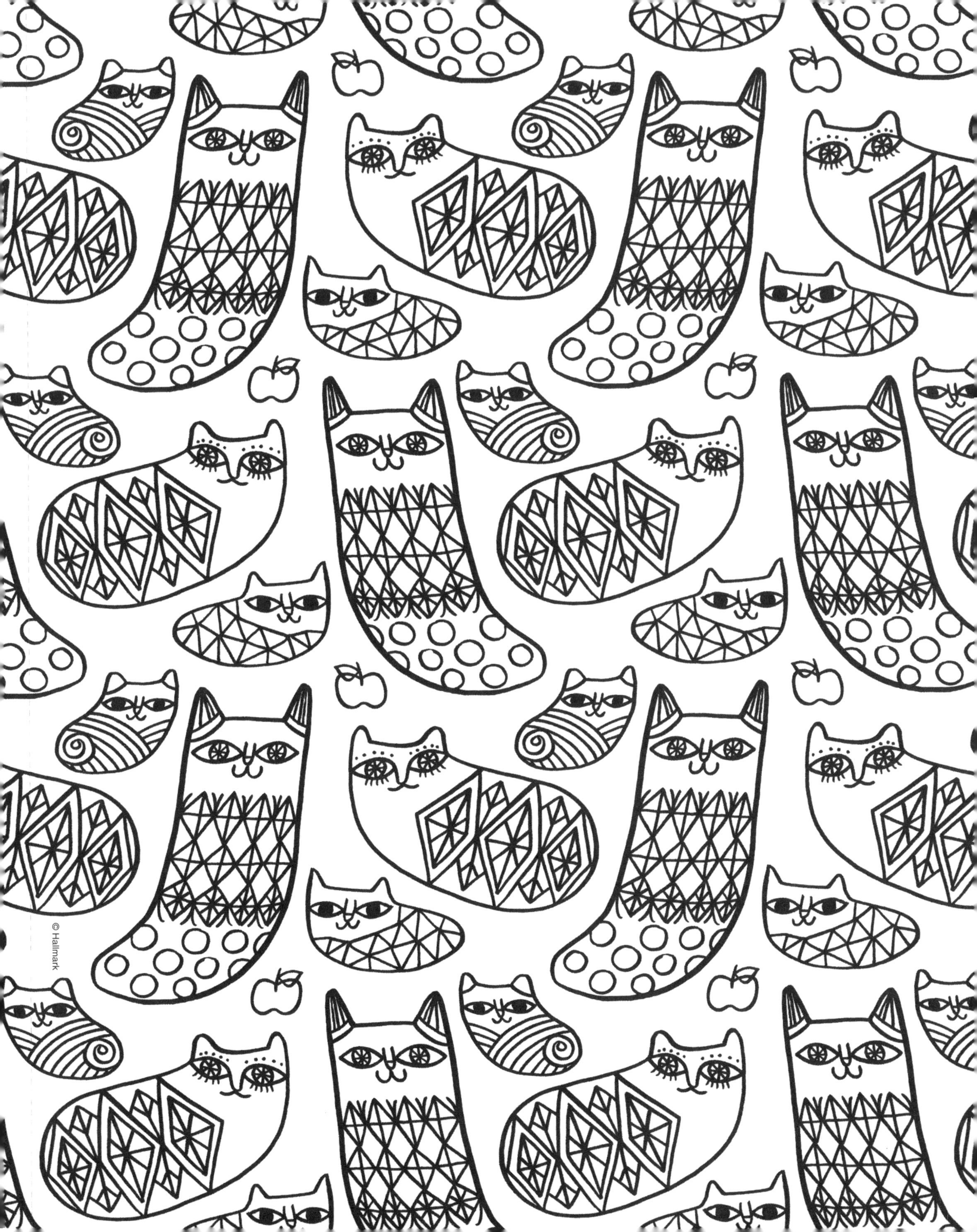

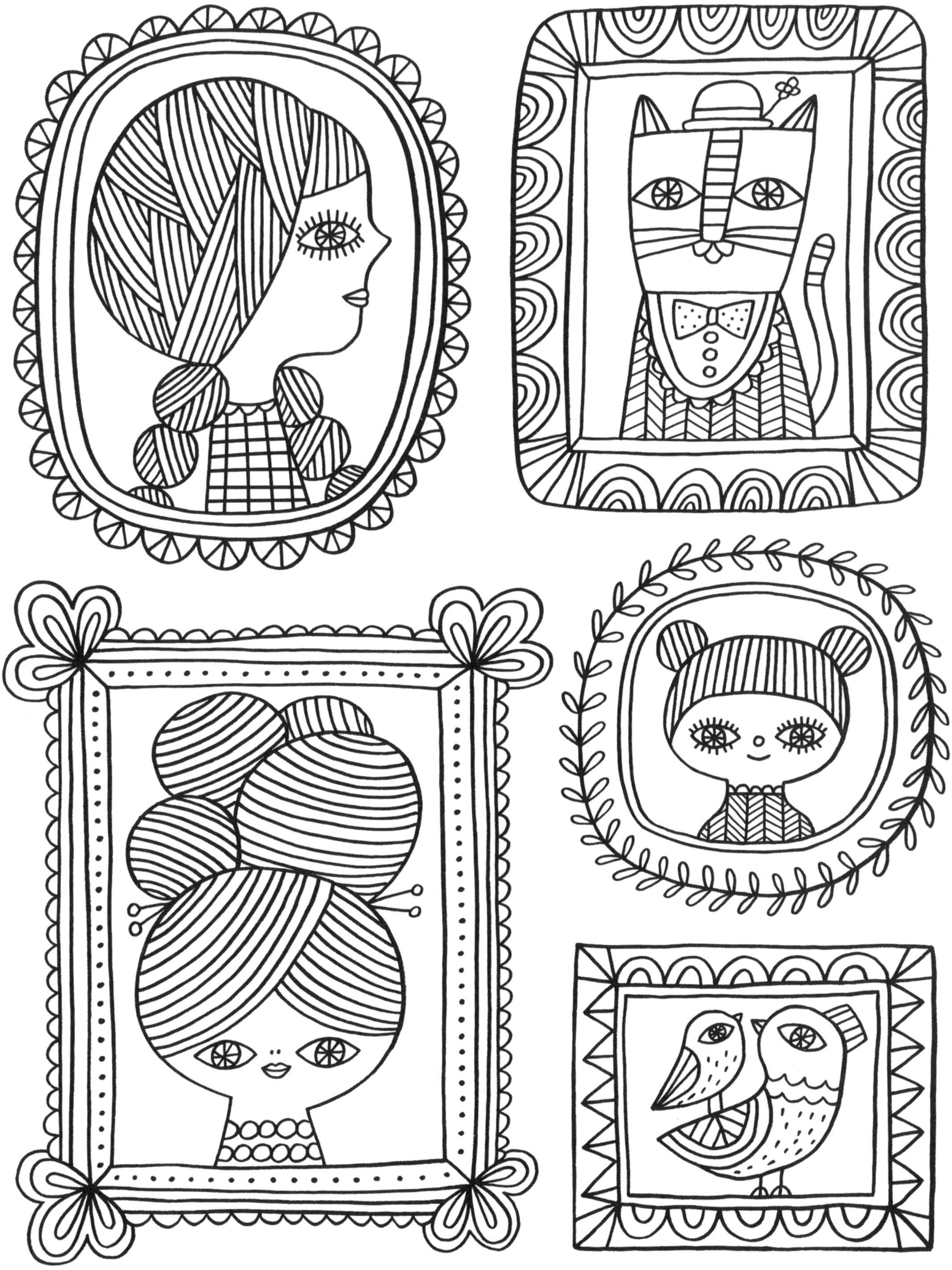

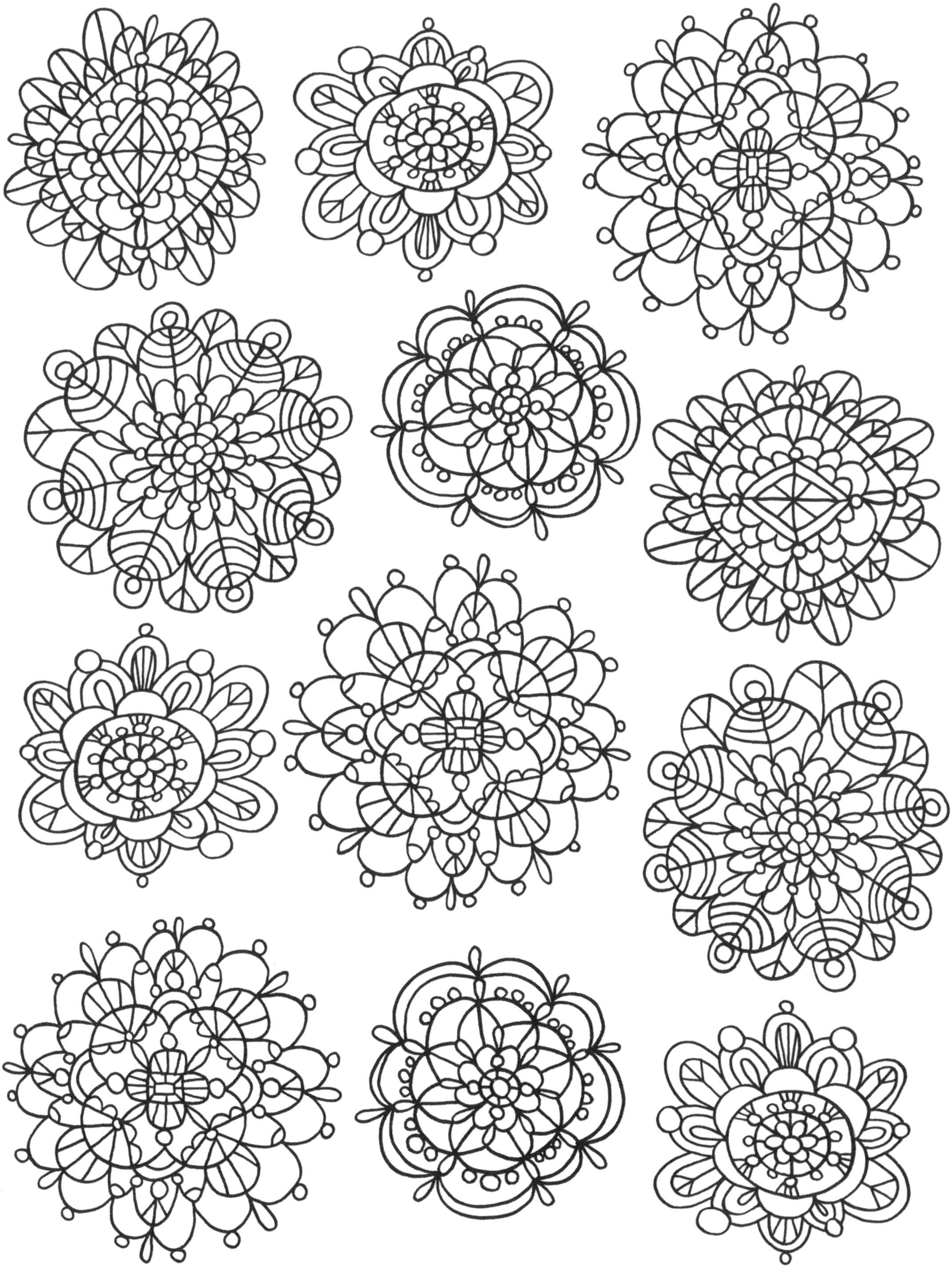

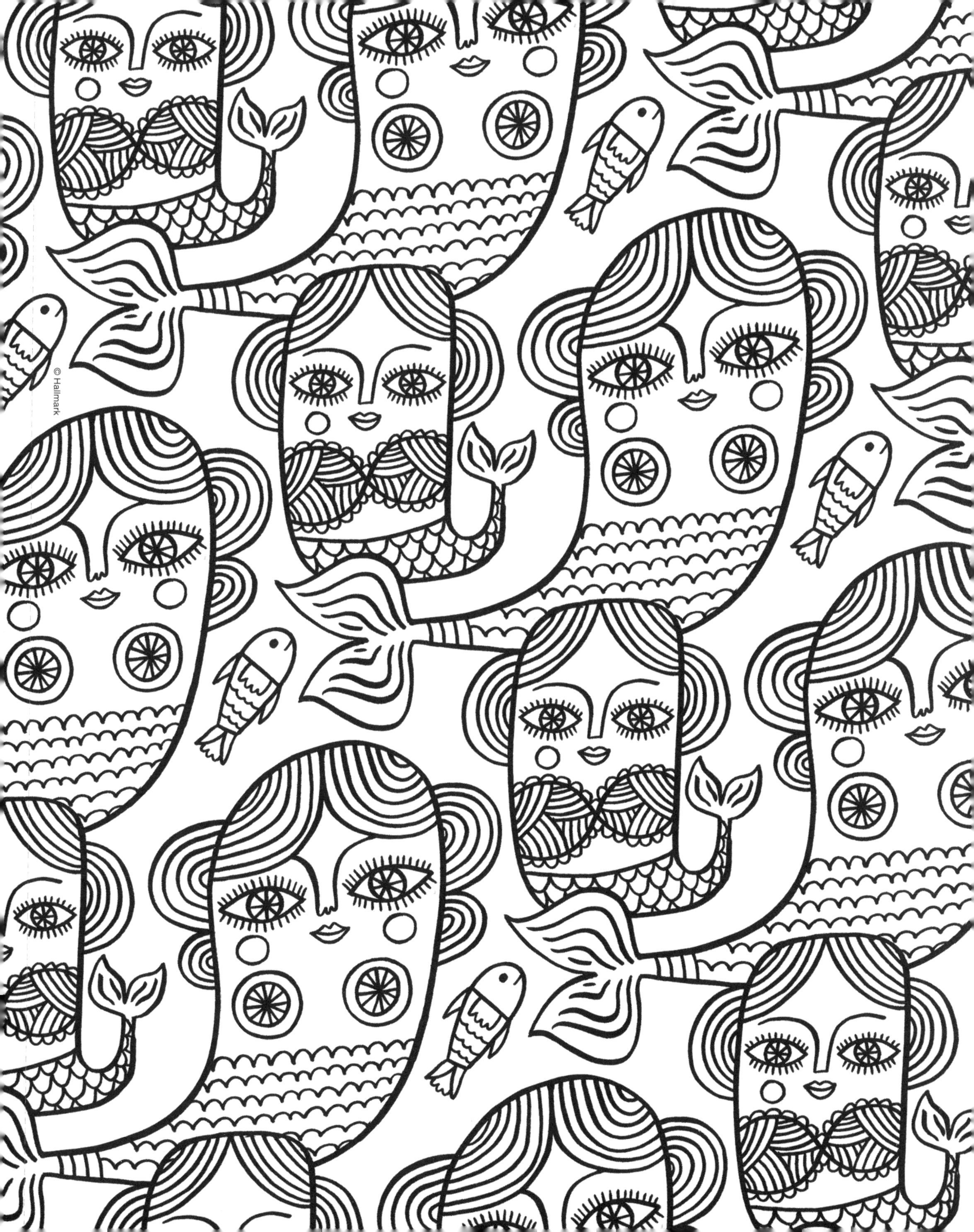

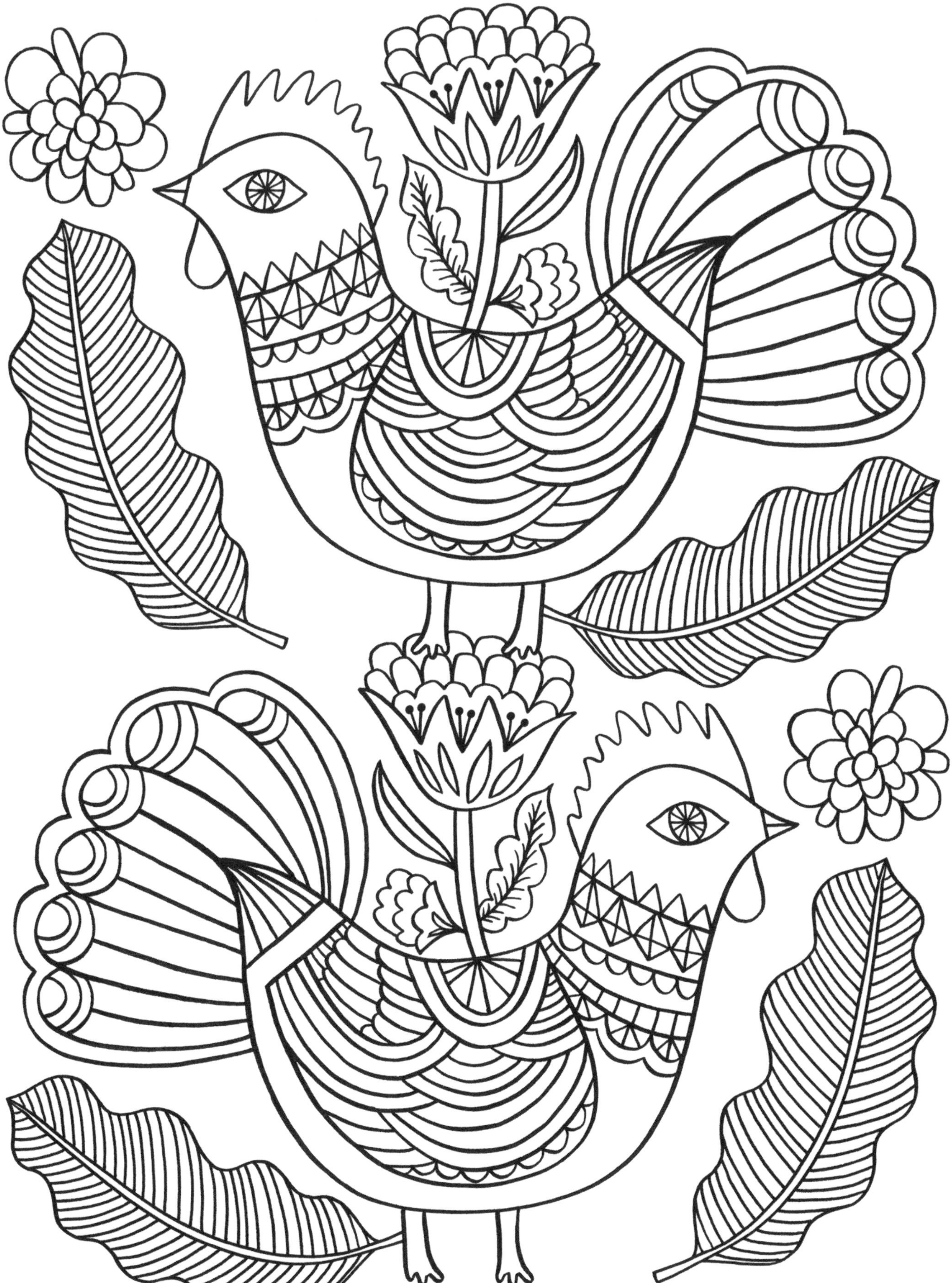

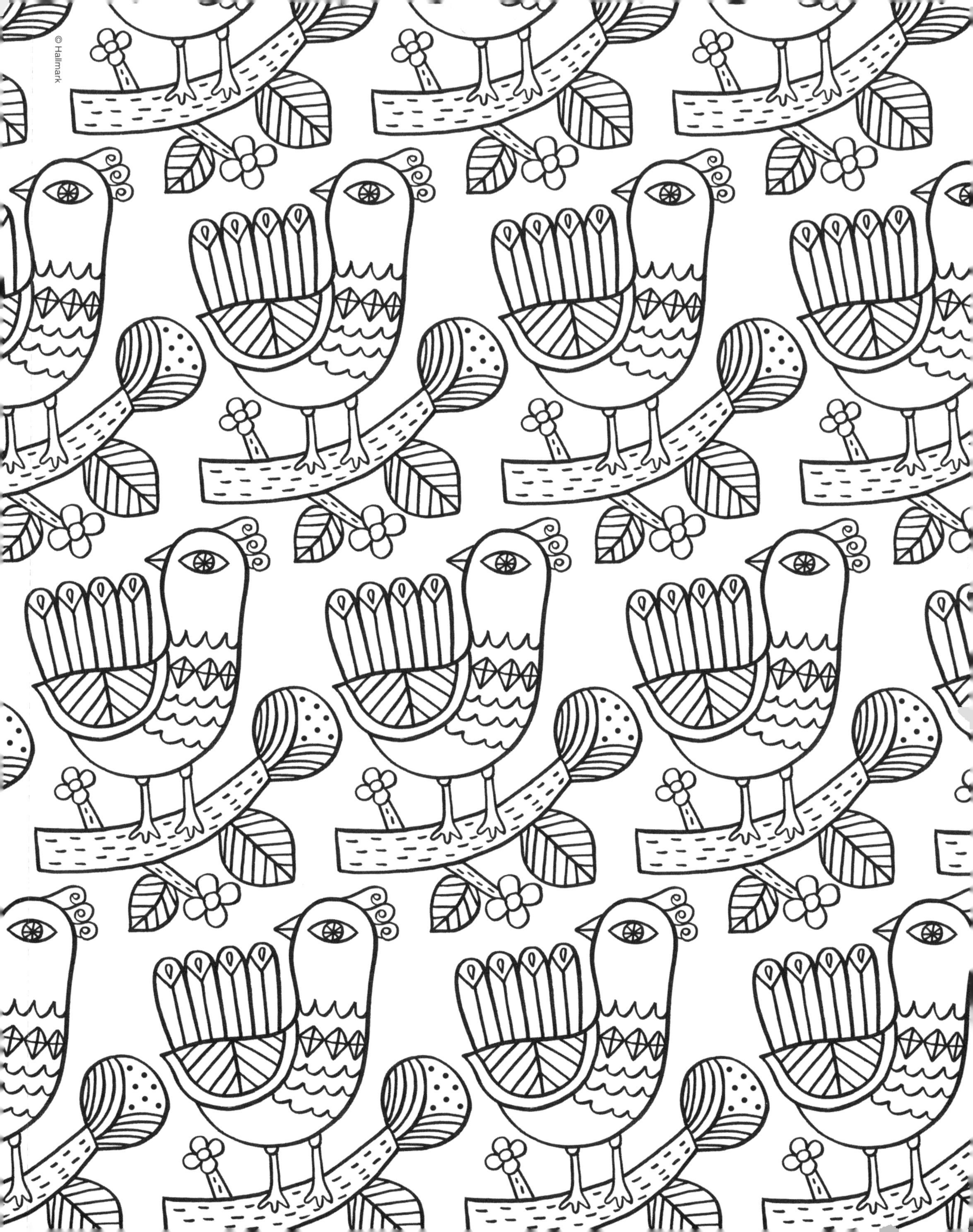

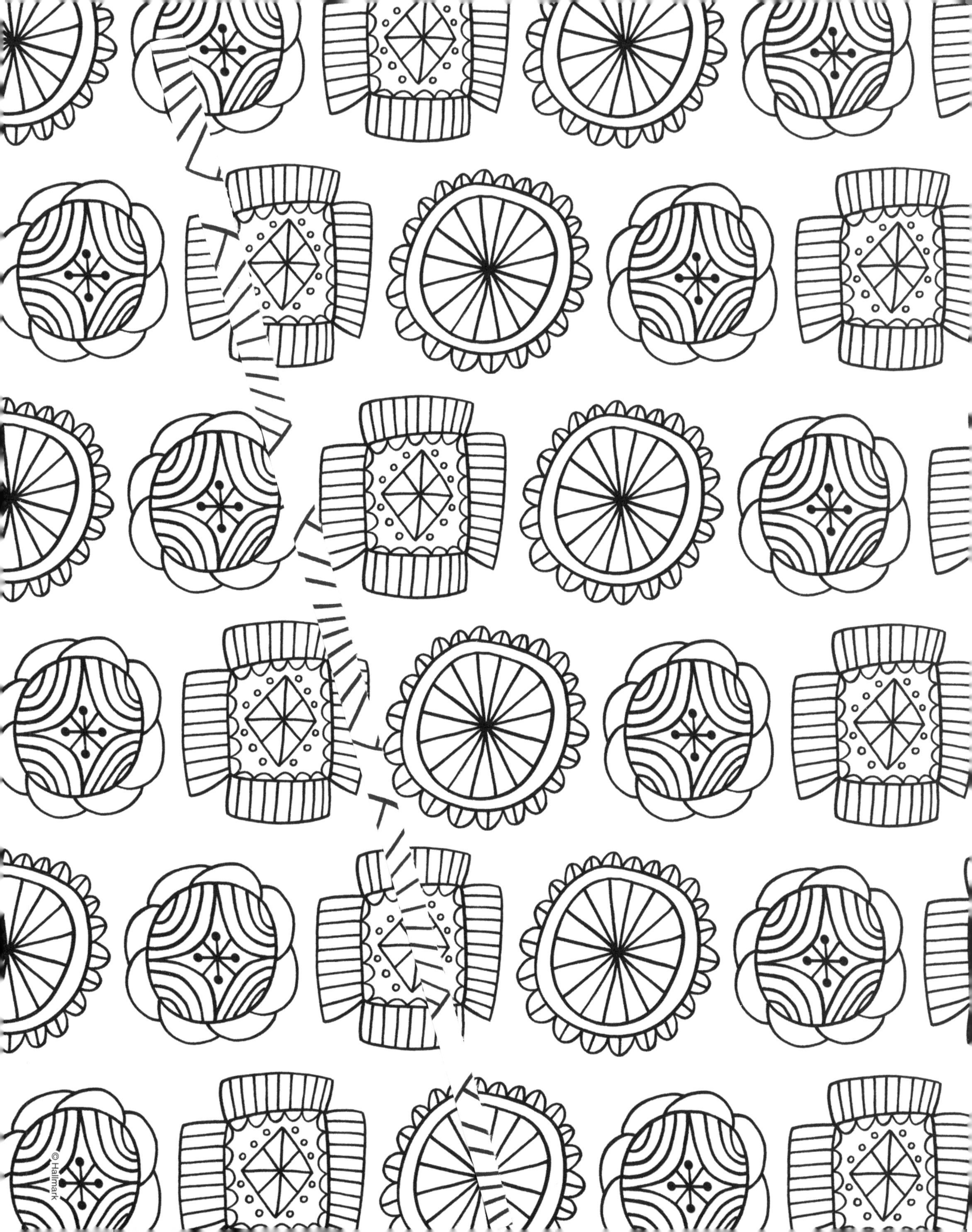

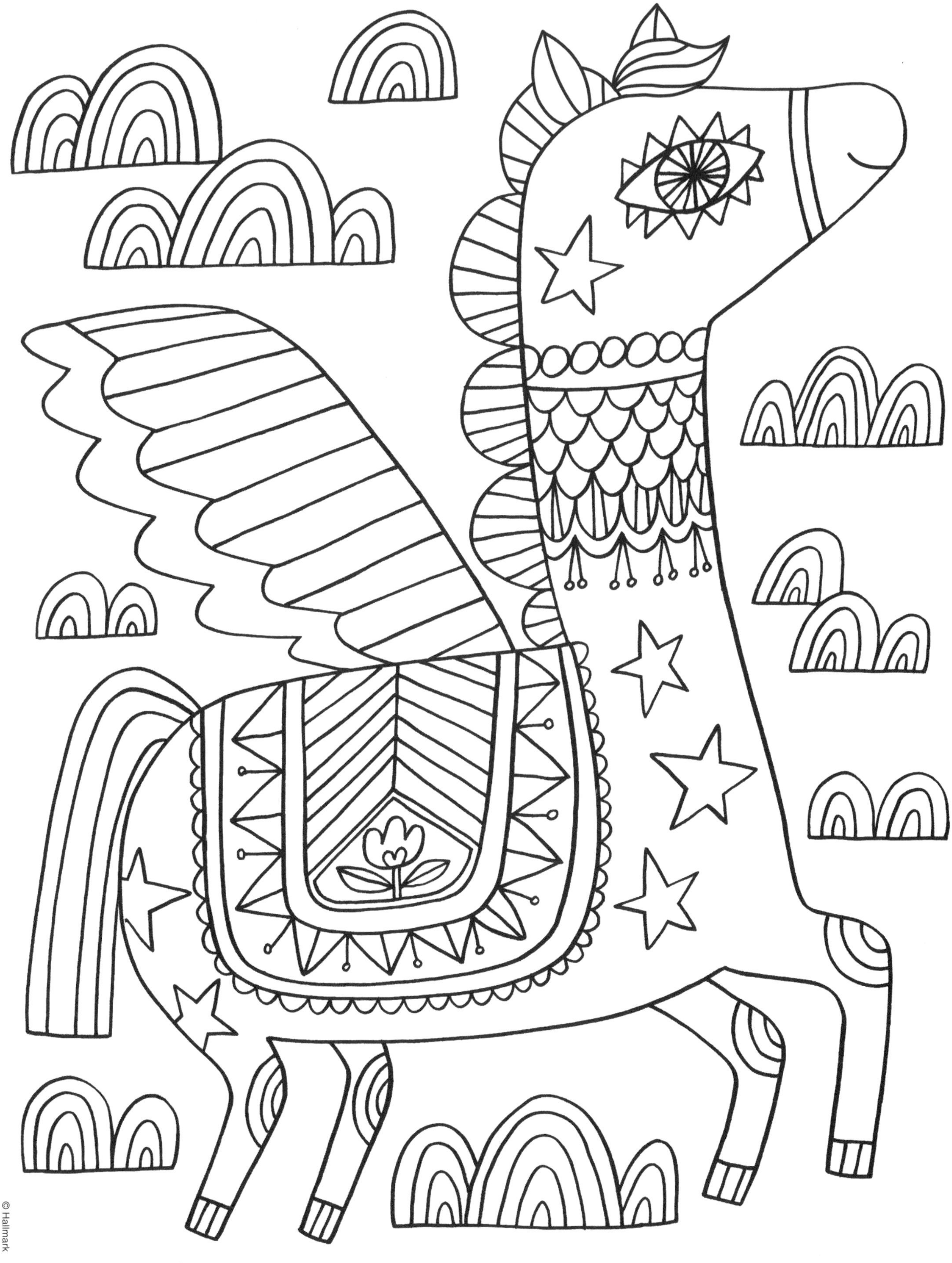

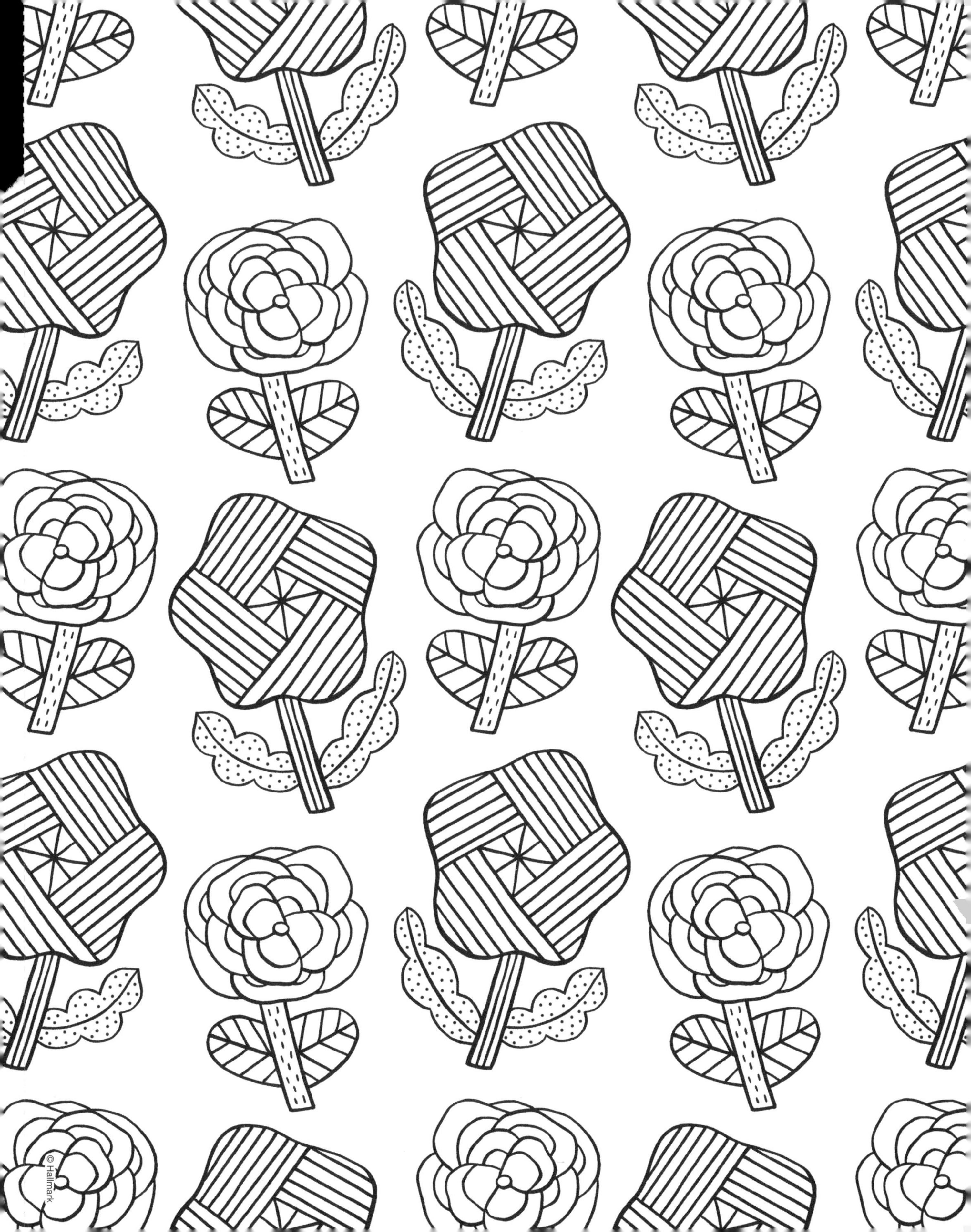

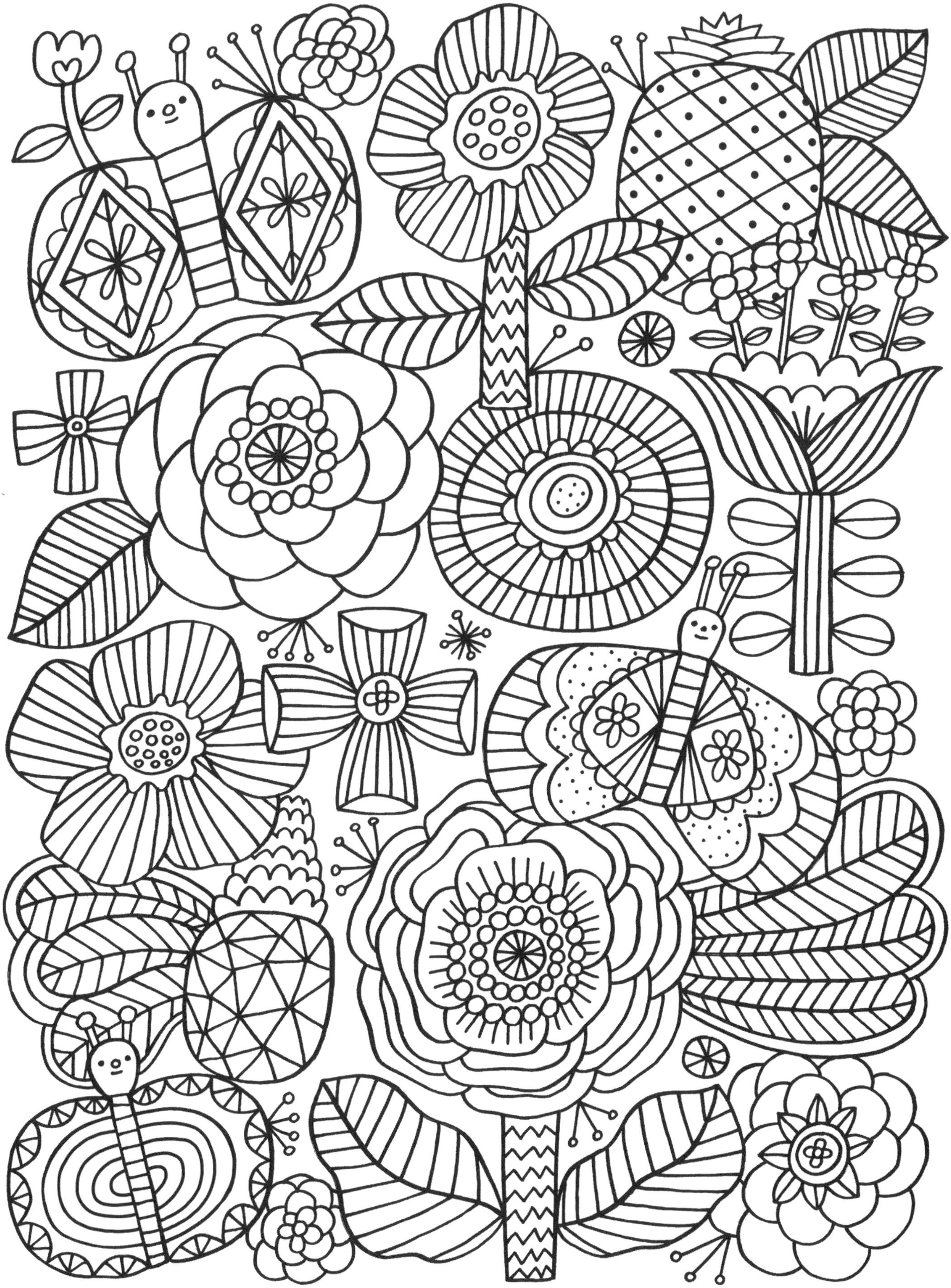